G000123015

Contents...Contenido

Of the Dance
Bilingual Stories
De la Danza
Cuentos Bilingües

Linda A. Lavid

Full Court Press
Buffalo, New York

Published by Full Court Press
A division of FCPress
PO Box 342
Buffalo, NY 14223

ISBN-10: 0-9817070-3-3
ISBN-13: 978-0-9817070-3-7
Library of Congress Control Number: 2011941477

Printed in the United States of America

Translated by
Gustavo Jiménez Aristi

Intro

Introducción

Soy una galardonada autora de habla Inglesa quien ha luchado con el aprendizaje del idioma Español. A través de los años he disfrutado de libros bilingües que han tenido traducciones contiguas en ambos idiomas. Sin embargo, mientras tales libros han sido bien escritos e instructivos, he encontrado la mayor parte de la ficción algo pasada de moda y menos útil en el desarrollo de habilidades para el uso diario. En respuesta a mi experiencia, he reunido una colección de mis propias historias cortas de ficción que pueden ser de ayuda para aquellos que desean leer, interpretar y traducir texto que es menos académico y más contemporáneo.

Seis de los relatos incluidos en *Of the Dance /De la Danza* varían en facilidad y dificultad del diálogo a pasajes literarios. Como la cubierta y el título sugieren, los relatos giran en torno a las relaciones entre hombres y mujeres, que incluyen los conflictos y complicaciones que estas causan. Tenga en cuenta que esta colección tiene un lenguaje explícito y es para adultos.

En lo que respecta al diseño, la versión impresa o de pasta blanda de *Of the Dance /De la Danza* se publica paralelamente en Español e Inglés, impresos uno al lado del otro para una referencia fácil. El e-book tiene párrafos separados en Inglés y Español para ser leído verticalmente.

Introduction

I'm an award-winning English-speaking author who has struggled with learning Spanish. Over the years I have enjoyed bilingual books that have had side by side translations in both languages. However, while such books have been well-written and instructive, I found much of the fiction somewhat old-fashion and less helpful in developing skills for everyday use. In response to my experience, I put together a collection of my short fiction that may be of assistance to those who wish to read, interpret, and translate text that is less academic and more contemporary.

Six of the stories included in *Of the Dance/De la Danza* range in ease and difficulty from dialogue to literary passages. As the cover and title suggest, the narratives revolve around relationships between men and women that include the conflicts and complications they cause. Please note this collection has explicit language and is for adults.

In regards to the layout, the print or paperback version Of the Dance/De la Danza is published in Spanish and English parallel text, printed side by side for easy reference. The e-book has separate paragraphs in English and Spanish to be read vertically.

El traductor de esta edición Español/Inglés es Gustavo Jiménez Aristi cuya lengua madre es Español y quien ha dedicado toda una vida al estudio de ambos idiomas. Esto, aunado a su formación profesional en Ingeniería en Telemática, él tiene certificaciones de la lengua Inglesa así como una excelente y creciente reputación en la industria de la traducción e interpretación. Es fundador de "TransNation" una prominente firma de traducción e interpretación.

Su sitio web es: http://www.transnation.us, informes en contact@transnation.us

Si usted está aprendiendo Inglés o Español, espero que *Of the Dance/De la Danza* avive su interés y entusiasmo por estos dos maravillosos idiomas.

The translator for this Spanish/English edition is Gustavo Jiménez Aristi, a native Spanish speaker, who has dedicated his life to the study of both languages. Professionally trained as a Telematics Engineer, he has received English proficiency certifications and has garnered an excellent and growing reputation in the translation and interpretation industry. He is the founder of "TransNation" a company that provides interpretation and translation services.

His website is: http://www.transnation.us. For more information contact: contact@transnation.us

Whether you are learning English or Spanish, I hope *Of the Dance/De la Danza* enlivens your interest and enthusiasm for these two wonderful languages.

Paso Doble

—Harry, ¿siempre fuimos tan aburridos?

—No estoy muy seguro a qué te refieres.

—Míranos. Aquí estamos de nuevo en un jueves por la noche. Pero ni es de noche. Ni cerca. Estamos cenando a las cuatro y media. El sol todavía esta afuera. Me lastima los ojos.

—¿Quieres que nos movamos?

—No. Me voy a dejar mis lentes de sol puestos.

—Dee, deja de lloriquear. Tenemos el descuento para ancianos, a eso añade el especial madrugador, y la cena prácticamente la pagan ellos. Una muy buena oferta. ¿Cuál es el problema?

—Harry, los especiales son los mismos todos los jueves. Pastel de carne y chuletas de cerdo. Y la ensalada del chef es servida en pequeños platos de madera, y estamos rodeados de personas mucho mayores usando demasiado poliéster.

—Estás siendo cruel. Además, nosotros somos como ellos y ellos son como nosotros.

—Dios mío, ¿cómo puedes decir eso?

—Fíjate bien en mí.

—No puedo ver absolutamente nada con estas gafas de sol. Además traigo puestos jeans de algodón.

—Antes te gustaba este lugar.

—La primera vez y la segunda tal vez. Pero ha pasado más de un año y aquí estamos. Se ha convertido en nuestra vida, una extensión de lo que somos.

"Harry, were we always this boring?"

"Not sure what you mean."

"Look at us. Here we are again on a Thursday night. But it's not night. Not even close. We're eating dinner at four-thirty. The sun's still up. It's hurting my eyes."

"Should we move?"

"No. I'll just keep my sunglasses on."

"Dee, stop whining. We have the senior discount, add that to the early bird special, and dinner's practically on them. Great deal. What's the problem?"

"Harry, the specials are the same every Thursday. Meatloaf and pork chops. And the chef salad comes in ratty wooden bowls, and all we see are very old people wearing too much polyester."

"You're being cruel. Besides, we are them and they are us."

"My God, how can you say that?"

"Take a good look at me."

"Can't see a damn thing with these sunglasses. Besides I'm wearing jeans, cotton jeans."

"You used to like this place."

"The first and second time maybe. But it's been over a year and here we sit. It's become our life, an extension of who we are."

—¿Dónde está la mesera? Te voy a pedir una bebida.

—Esa es tu respuesta a todo, ¿verdad, Harry?

—No es mi respuesta a todo. Sin embargo, es mi respuesta por el momento. Manhattan. Martini. ¿Qué quieres?

—Sólo agua.

—Señorita, un Martini, muy seco, con un plato de aceitunas.

—. . . Ella es muy bonita. Que piernas tan largas.

—Sí, supongo que sí.

—Yo nunca fui tan bonita.

—Tú fuiste muy bonita.

—Eso fue hace mucho tiempo.

—¿Estas pescando piropos?

—Pescando no. Estoy echando una red enorme y desesperadamente tomando todo lo que pueda enganchar.

—En ese caso, no fuiste bonita en absoluto. Fuiste muy hermosa.

—Viniendo de ti no cuenta.

—¿Y por qué es eso?

—Porque eres mi marido. . . No muevas la cabeza. Tienes que decirme que soy hermosa. De lo contrario vamos a tener una pelea y no hablaremos por el resto de la comida.

—Puede que ya estemos en esa dirección de todos modos.

—Está bien. Vamos a empezar de nuevo. ¿Me pregunto qué voy a cenar esta noche? Hmm. . . el pastel de carne suena redundante.

"Where's the waitress? I'll order you a drink."

"That's your answer to everything isn't it, Harry?"

"It's not my answer to everything. However, it is my answer for the moment. Manhattan. Martini. What will it be?"

"Just water."

"Miss, one Martini, very dry, with a side dish of olives."

". . . She's very pretty. Such long legs."

"Yes, I suppose so."

"I was never that pretty."

"You were very pretty."

"That was a long time ago."

"Fishing for compliments?"

"I'm hardly fishing. I'm casting a desperately huge net and taking whatever I can snag."

"In that case you were not pretty at all. You were quite beautiful."

"Coming from you doesn't count."

"Now why is that?"

"Because you're my husband . . . Don't shake your head. You have to tell me I'm beautiful. Otherwise we'll get into a fight and won't talk for the rest of the meal."

"We may be heading in that direction anyway."

"Okay. Let's start over. I wonder what I'll have tonight? Hmm . . . the meatloaf sounds redundant."

—Hay otras cosas en el menú.

—Yo pedí el filete en dos ocasiones, estaba duro como si fuera suela de zapato y cocido de más en ambas ocasiones. Y siempre tenemos el pollo en casa.

—Prueba el pescado.

—¿Scrod? ¿Qué diablos es un scrod? Suena obsceno.

—¿Obsceno?

—Como algo que está dentro de los pantalones.

—Yo creo que eso iría en contra del código de salud. . . Bueno. Aquí viene el Martini. ¿Segura que no quieres un trago?

—Segura.

—Bueno, entonces estamos listos para ordenar. El especial, uno para cada uno. Dos ensaladas con el aderezo de la casa a un lado. Dos papas al horno, con crema ácida por separado. Y después queremos café. Gracias.

—Sí, gracias, señorita. . . Ella debe medir cerca de seis pies.

—Hmm

—¿Todavía miras a las mujeres, Harry?

—Esa es una pregunta capciosa.

—Yo todavía miro a los hombres.

—Eso está bien.

—¿No quieres saber lo que veo?

—¿Sus ojos?

—Sus hombros y la forma de caminar.

—Bueno, como tú digas. ¿La forma de caminar?

"There are other things on the menu."

"I ordered the steak twice, tough as shoe leather and overdone both times. And we always have chicken at home."

"Try the fish."

"Scrod? What the heck is a scrod? Sounds obscene."

"Obscene?"

"Like something that belongs in your pants."

"I think that would be against the health code . . . Good. Here comes the Martini. Sure you don't want a drink?"

"Positive."

"Well, then we're ready to order. The special, one of each. Two salads with the house dressing on the side. Two baked potatoes, sour cream on the side. After that coffee. Thanks."

"Yes, thank you, Miss . . . She must be close to six feet."

"Hmm . . ."

"Do you still look at women, Harry?"

"That's a loaded question."

"I still look at men."

"That's nice."

"Don't you want to know what I look at?"

"Their eyes?"

"It's their shoulders and the way they walk."

"Okay, I'll bite. The way they walk?"

—El caminar dice mucho acerca de un hombre. Pregúntale a cualquier mujer.

—¿Qué tal camino yo?

—Te jorobas un poco.

—No suena bien.

—No necesariamente. Algunas mujeres lo podrían encontrar atractivo. Como un niño perdido. Pero tú eres mi marido y te quiero de todos modos. Además, no creo que siempre te jorobaste. No, creo que vino después.

—Tiempos cambiados, formas cambiadas.

—Nunca respondiste a mi pregunta.

—¿Cuál era la pregunta?

—¿Alguna vez miras a las mujeres?

—A veces flotan en mi campo de visión. Difícil no darse cuenta, supongo.

—Específicamente, ¿qué flota en tu campo de visión?

—Hmm. . . ¿la forma de caminar?

—No es justo, me robaste mi respuesta.

—Me gustó tu respuesta. Fue una buena respuesta.

—Estás haciendo trampa.

—No creo que esto es una conversación saludable.

—Te comportas como si tuvieras miedo de mí. ¿Qué podría hacer yo?

—El Martini es agradable y seco. El barman bueno debe estar trabajando. La semana pasada la bebida tenía un sabor ácido de batería. Sin embargo, esto es suave. ¿Quieres un trago?

"The walk says a lot about a man. Ask any woman."

"How about my walk?"

"You sort of slump."

"Doesn't sound good."

"Not necessarily. Some women might find it attractive. The lost boy thing. But you're my husband and I love you anyway. Besides, I don't think you always slumped. No, I think that came later. "

"Changing times, changing ways."

"You never answered my question."

"What was the question?"

"Do you ever look at women?"

"Sometimes they float in my field of vision. Hard not to notice, I suppose."

"What specifically floats in your field of vision?"

"Hmm . . . the way they walk?"

"No fair, you stole my answer."

"I liked your answer. It was a good answer."

"You're cheating."

"I don't think this is a healthy conversation."

"You act like you're afraid of me. What could I possibly do?"

"The Martini's nice and dry. The good bartender must be working. Last week the drink tasted like battery acid. But this is smooth. Want a sip?

—No. Así que no me vas a responder. Era una pregunta retórica de todos modos. Yo sé lo que tú miras.

—¿En serio? ¿Qué, pues?

—Te gustan los traseros.

—Hmm

—Los saltones.

—Sí, puedes tener razón.

—Mi trasero es como un panqueque.

—Eso no es cierto. Es muy redondo.

—Es totalmente desinflado.

—Te sientes muy insegura esta tarde. ¿Hay algo que pueda hacer?

—Sólo me gustaría que la mesera no estuviera tan condenadamente alta.

—¿Por qué las mujeres hacen eso?

—¿Hacen qué?

—Compararse.

—La inseguridad, supongo.

—¿Qué tiene que ver su altura contigo?

—Si mis piernas fueran más largas, tal vez mis tobillos no estarían tan gruesos. De origen campesino, mi padre solía decir.

—Ahora lo entiendo. Tú querías la aprobación de tu padre, algo edípico.

—Es de Electra.

—¿Huh?

—Padre e hija es un complejo de Electra. Edipo es la madre y el hijo.

—Sí, por supuesto. Ahora lo recuerdo, aunque vagamente.

"No. So don't answer me. It was a rhetorical question anyway. I know what you look at."

"Really? What then?"

"You like rumps."

"Hmm . . ."

"High ones."

"Yes, you may be right."

"My ass is like a pancake."

"That's not true. It's quite round."

"It's totally deflated."

"You're feeling quite insecure this evening. Is there anything I can do?"

"I just wish the waitress wasn't so damn tall."

"Why do women do that?"

"Do what?"

"Compare themselves."

"Insecurity, I suppose."

"What does her height have to do with you?"

"If my legs were longer, maybe my ankles wouldn't be so thick. Peasant stock, my father used to say."

"I get it now. You wanted approval from your father, an Oedipal thing."

"Electra, actually."

"Huh?"

"Father, daughter is an Electra complex. Oedipal is mother and son."

"Yes, of course. Now I remember, although vaguely."

—Y hay la presión social de encajar en el molde. Nunca demasiado rico, nunca demasiado delgado.

—¿Dónde está la altura en la ecuación?

—Es razonable, si tú eres más alto, estás más delgado.

—Aquí vienen las ensaladas. . . Gracias. . . Entonces, ¿Has aprendido algo nuevo hoy?

—Harry, no me gusta esa pregunta. ¿Por qué siempre me preguntas eso?

—Debido a que es crítico.

—¿Cómo es eso?

—La vida es acerca de las lecciones. ¡Dios mío, otra cita de la vida!

—Nada más escucha. Tú leíste el periódico, viste la noticia. ¿Hubo algo que haya llamado tu atención? ¿Que te haya dejado pensando?

—Hay una cosa. Esas inundaciones en el Medio Oeste. ¿Cómo personas quedan atrapadas en sus casas cuando ven que el agua sube? ¿Por qué esperan tanto maldito tiempo para salir?

—Ellos probablemente estaban en tierras altas.

—Eso no tiene sentido.

—Lo más probable es que el agua llenó las zonas más bajas alrededor de ellos, y cuando las aguas subieron, acabaron aislados.

—Tanto para las tierras altas.

—Tiene sus desventajas.

—Entonces, Harry, ¿qué has aprendido hoy?

"And there [   ] mold. Never too [   ]

"Where's he[   ]

"Stands to re[   ] thinner."

"Here come the [   ] So, did you learn anyt[   ]

"Harry, I despise [   ] you always ask me that'[   ]

"Because it's critica[   ]

"How so?"

"Life is about lessons."

"Oh dear, another life quote!"

"Humor me. You read the paper, saw the news. Did anything catch your attention? Make you wonder?"

"There was one thing. Those floods in the Midwest. How do people get stuck in their houses when they see the water rising? Why do they wait so damn long to leave?"

"They were probably on high ground."

"That doesn't make sense."

"Most likely the water filled the lower areas around them, and when the waters rose, they got marooned."

"So much for the high ground."

"It has its disadvantage."

"So, Harry, what did you learn today?"

ue nunca lo preguntarías. Vamos a
Oh, sí. Al parecer, Aristóteles Onassis
quien puso el dinero para que asesinaran a
Robert Kennedy.

—¿En serio?

—Esos dos se despreciaban mutuamente.

—¿Debido a Jackie? ¿Acaso no estaban ena-
morados de ella?

—Posiblemente, pero eso fue sólo una pequeña
parte. Creo que tuvo que ver más con Eliot
Ness y Al Capone. Bien contra el mal. Todo
muy de Shakespeare. Onassis no era un hombre
particularmente agradable.

—Supongo que no te haces rico por ser un
buen tipo.

—Era un matón.

—Y debo decir, no muy atractivo. ¿Cómo fue
que Jackie fue de carne fina a . . ¿Cuál es la
palabra? Oh, sí. Scrod.

—El dinero, supongo.

—Ahora puedes ver mi punto.

—¿Y qué punto podría ser?

—Una mujer nunca puede ser demasiado del-
gada, o demasiado rica.

—Oh. . . En ese caso, voy a comer tus crotones
si no los quieres.

—Acerca de Jackie y John, ¿crees que se amaban?

—Se casaron ¿no?

—Harry, a veces eres tan concreto. Por supuesto que se casaron. Pero eso no significa que se
amaban.

"Thought you'd never ask. Let's see . . . Oh, yes. Apparently, Aristotle Onassis fronted the money to kill Robert Kennedy."

"Really?"

"The two of them despised each other."

"Because of Jackie? Weren't they both in love with her?"

"Possibly, but that was only a small part. I think it was more of an Eliot Ness, Al Capone thing. Good versus evil. All very Shakespearian. Onassis was not a particularly nice guy."

"I suppose you don't get filthy rich by being a nice guy."

"He was a thug."

"And I must say, not very attractive. How did Jackie go from prime rib to . . . what's the word? Oh yes – scrod."

"Money, I suppose."

"Now you see my point."

"And what point would that be?"

"A woman can never be too thin or too rich."

"Oh . . . In that case, I'll eat your croutons if you don't want them."

"About Jackie and John, do you think they loved each other?"

"They were married weren't they?"

"Harry, sometimes you're so concrete. Of course they were married. But that doesn't mean they loved each other."

—No estoy de acuerdo. Tienen que haberse amado. ¿Si no por qué estaban juntos?

—Por los niños. O tal vez por su carrera, tú sabes para ser electo. O por dinero, el estatus.

—Supongo que nunca lo sabremos. ¿Qué tal una buena copa de vino?

—¿Por qué te casaste conmigo, Harry?

—Déjame pensar. . . Oh, sí, ahora recuerdo. Tú me lo pediste.

—Yo ciertamente no hice eso.

—Tú ciertamente lo hiciste. En Crystal Beach.

—¿Crystal Beach?

—Nos quedamos atrapados en la rueda de la fortuna. Sentados en la cima del mundo. Había discutido con tus padres. ¿Recuerdas?

—Discutido? ¿Sobre qué?

—No sé. Pero tú dijiste, muy claramente, Harry, cásate conmigo. Llévame lejos.

—¿Yo dije eso?

—Mi primera y última propuesta. Difícil de olvidar.

—Si así ocurrió, y no estoy diciendo que fue así, estaba bajo presión.

—¿Presión?

—Tal vez fue cuando mi padre encontró cigarrillos en el bolsillo de mi abrigo. Sí, ahora recuerdo. Quería castigarme. Dijo que sólo las mujerzuelas fumaban.

—¿Mujerzuelas?

"I don't agree. They must have loved each other. Why else were they together?"

"For the children. Or maybe for his career, you know to get elected. Or for money, status."

"Guess we'll never know. How about a nice glass of wine?"

"Why did you marry me, Harry?"

"Let me think . . . Oh, yes now I remember. You asked me."

"I most certainly did not."

"You most certainly did. At Crystal Beach."

"Crystal Beach?"

"We were stuck on the Ferris wheel. Sitting on top of the world. You'd had an argument with your parents. Remember?"

"Argument? About what?"

"I don't know. But you said, quite clearly, 'Harry, marry me. Take me away.'"

"I said that?"

"My first and last proposal. Hard to forget."

"If it happened, and I'm not saying it did, it was under duress."

"Duress?"

"Maybe that's when my father had found cigarettes in my coat pocket. Yes, now I remember. He wanted to ground me. Said only trollops smoked."

"Trollops?"

—Él estaba tratando de ser agradable. Entonces mi madre se puso histérica y volteó la casa de cabeza en busca de un rosario.

—Y todos estos años pensé que era acerca mí, sobre el deseo de estar conmigo. Oh, bueno aquí viene la comida. Tengo hambre.

—No puedo creer que tan altas las personas se han convertido. Yo solía ser alta. Bueno, quizás no alta, pero la media, normal. Ahora soy un camarón, además me estoy encogiendo.

—¿Qué se te antoja? ¿El pastel de carne o chuletas de cerdo? ¿O es que quieres compartir?

—Ugh. Voy a probar una chuleta. Tú puedes comerte el resto.

—¿Estás segura?

—Cien por ciento.

—No sé por qué no ordenaste otra cosa. Aquí tienes.

—Ahora que lo pienso. Nunca me pediste que me casara contigo.

—¿Eh? Te di un anillo.

—Sí. Pero nunca te pusiste de rodillas. Nunca hubo una propuesta formal. Se dio por sentado.

—Eso es ridículo. Por supuesto que te pedí que te casaras conmigo.

—En serio. ¿Cuándo? ¿Dónde?

—Cuando te di el anillo.

—El anillo. ¿No te acuerdas? Lo elegimos juntos en la joyería. En una tarde lluviosa.

"He was trying to be nice. Then my mother got hysterical and pulled apart the house looking for a rosary."

"And all these years I thought it was about me, about wanting me, being with me. Oh, good here comes the food. I'm hungry."

"I can't get over how tall people have become. I used to be tall. Well, maybe not tall, but average, normal. Now I'm a shrimp and shrinking besides."

"What looks good to you? The meatloaf or pork chops? Or do you want to share?"

"Ugh. I'll try one chop. You have the rest."

"You sure?"

"Positive."

"I don't know why you didn't order something else. Here you go."

"Come to think of it. You never did ask me to marry you."

"Huh? I gave you a ring."

"Yes. But you never got down on one knee. There was never a formal proposal. It was assumed."

"That's ridiculous. Of course I asked you to marry me."

"Really. When? Where?"

"When I gave you the ring."

"The ring. Don't you remember? We picked it out together at the jewelers. On a rainy afternoon.

Yo acababa de descubrir que estaba embarazada de Marnie. Teníamos que actuar con rapidez.

—Oh, sí.

—Tal vez si yo no hubiera estado embarazada, no nos hubiéramos casado.

—Eso es ridículo.

—Tú lo dijiste.

—¿Dije qué?

—Que hubiera sido mejor esperar a terminar la universidad, comprar una casa.

—¿Yo dije eso?

—Sí.

—Ese debe de haber sido tu primer marido.

—Fue después de que Marnie nació. Vivíamos en ese tercer piso sin ascensor por el zoológico. Los de abajo golpeaban en el techo cada vez que ella lloraba.

—Oh. Probablemente yo quería decir es que deberíamos haber hecho las cosas en el orden correcto.

—¿El orden correcto?

—Sí, terminar la universidad primero, y luego comprar una casa, tener hijos. No importa. Nos hubiéramos casado de todos modos.

—Me pregunto.

—Yo estaba loco por ti.

—Lo que tú digas, Harry.

—Estás de un humor muy extraño esta noche, toma una copa.

—¿Alguna vez has masticado linóleo?

—¿Huh?

—La chuleta de cerdo.

I had just found out I was pregnant with Marnie. We needed to act quickly."

"Oh, yeah."

"Maybe if I hadn't been pregnant, we wouldn't have gotten married."

"That's ridiculous."

"You had said so."

"Said what?"

"That it would have been better to wait, to finish college, buy a house."

"I said that?"

"Yes."

"That must have been your first husband."

"It was after Marnie was born. We were living in that third floor walk-up by the zoo. The couple downstairs banged on the ceiling whenever she cried."

"Oh. I probably wanted to say that we should have done things in the proper order."

"The proper order?"

"Yes, finish college first, then buy a house, then have children. No matter. We would have gotten married anyway."

"I wonder . . ."

"I was crazy about you."

"Whatever you say, Harry."

"You're in a very strange mood this evening, have a drink."

"Ever chew linoleum?"

"Huh?"

"The pork chop."

—Regrésala.

—¿Cuándo he regresado algo?

—Haz lo que quieras.

—Harry, ¿alguna vez me has engañado?

—No. ¿Por qué lo preguntas?

—Harry, no me molestaría si lo has hecho.

—Bueno, nunca lo hice. Creo que voy a pedir otro trago. ¿Dónde está la mesera?

—Una vez escuché decir a Jayne Meadows que no importa lo que Steve Allen hizo, que nunca se iba a divorciar de él.

—Eso está bien.

—¿Y sabes lo que Steve Allen, dijo? Después de cuarenta años de matrimonio, ahora me lo dices?

—Lindo.

—Siempre me gustó Jayne Meadows. Bonita e inteligente, pero no llamativa, ¿sabes?

—Ella estaba en los Honeymooners, ¿verdad?

—No, esa fue Audrey, su hermana.

—Bien, ahora lo recuerdo.

—De todos modos, Harry, estoy de acuerdo con Jayne Meadows. Nunca me divorciaría de ti, por ningún motivo.

—Eso es bueno.

—Así que te voy a preguntar de nuevo. ¿Alguna vez me has engañado?

—No.

—¿Ni una sola vez? ¿Nunca?

—Nunca, jamás.

"Send it back."

"When have I ever sent anything back?"

"Suit yourself."

"Harry, did you ever cheat on me?"

"No. Why do you ask?"

"Harry, it wouldn't bother me if you did."

"Well, I never did. I think I'll order another drink. Where's that waitress?"

"I once heard Jayne Meadows say that no matter what Steve Allen did, she'd never divorce him."

"That's nice."

"And you know what Steve Allen said, 'After forty years of marriage, now you tell me?'"

"Cute."

"I always liked Jayne Meadows. Pretty and smart, but not showy, you know?"

"She was on the Honeymooners, right?"

"No, that was Audrey, her sister."

"Right, now I remember."

"Anyway, Harry, I agree with Jayne Meadows. I'd never divorce you, no matter what."

"That's nice."

"So I'll ask you again. Did you ever cheat on me?"

"No."

"Not once? Never?"

"Never, ever."

—Interesante.

—¿Por qué es interesante?

—¿Qué me dices de Luisa?

—¿Luisa?

—Sí, tu secretaria.

—No seas absurda.

—1985.

—¿Qué hay de 1985?

—Ella vino esa Navidad y me lo dijo.

—¿Te dijo qué?

—Que tú y ella eran amantes.

—Tonterías.

—Ella tenía la prueba, Harry.

—No quiero oír más. Oh, ahí está. ¿Señorita?

—Notas escritas con tu puño y letra. Notas de calendario firmadas, *Con Amor, Harry.* Fue todo septiembre.

—Ella era buena falsificando mi firma. Lo tenía que hacer para toda mi correspondencia. ¿Por qué estás tocando el tema?

—Ella dijo que estaban jugando unos contra otros, y que teníamos que mantenernos unidos.

—Eso es ridículo. Sí, otra copa por favor. Y un Manhattan para mi esposa.

—Harry, no quiero tomar una copa. Gracias, señorita, pero yo no quiero nada. . . Así que, ¿Qué sucedió con Luisa?

—No puedo recordar.

"Interesting."

"Why is that interesting?"

"What about Luisa?"

"Luisa?"

"Yes, your secretary."

"Don't be absurd."

"1985"

"What about 1985?"

"She came over that Christmas and told me."

"Told you what?"

"That you and she were lovers."

"Nonsense."

"She had proof, Harry."

"I don't want to hear anymore. Oh, there she is. Miss?"

"Notes in your handwriting. Calendar notes signed, *Love, Harry*. Went all the way back to September."

"She was good at signing my name. Had to for all my correspondence. Why are you bringing this up?"

"She said you were playing us against each other, and that we needed to stick together."

"That's ridiculous. Yes, another drink please. And my wife will have a Manhattan."

"Harry, I don't want a drink. Thank you, Miss, but I don't want anything . . . So whatever happened to Luisa?"

"I can't remember."

—Se fue. Ya lo sé. Tengo que decir que estaba bastante sorprendida. Llamé a tu oficina y otra mujer respondió, una nueva secretaria. ¿Por qué se fue, Harry?

—¿No vas a comer tu papa?

—Me temo que estoy perdiendo mi apetito.

—Escucha, Luisa era una chica dulce, pero nada pasó entre nosotros. Te lo juro. Me temo que la niña tenía demasiada imaginación.

—Hmm

—¿No me crees?

—Algunas noches no regresabas a casa.

—Yo siempre llegaba a casa.

—No, no es cierto, Harry.

—Yo lo hubiera sabido si no hubiera llegado a casa.

—No había toallas, Harry. Ni papel de papel de baño en el basurero.

—¿De qué estás hablando?

—Ese año, después de hablar con Luisa tome un par de viajes. ¿Te acuerdas? Fui a Ítaca para visitar a Marnie en la universidad. Trataste de aparentar actividad en la casa. Pero algunas cosas habrían desaparecido. No había toallas mojadas en el cesto, ni papel de papel de baño en el basurero. Harry, siempre te cortas cuando te rasuras.

—¿Qué quieres que diga? ¿Lo que quieres oír, o la verdad?

—La verdad, Harry.

—Bueno, entonces aquí va. . . Juro que nunca tuve relaciones sexuales con esa mujer.

"She left. I know that. I have to say I was rather surprised. I called your office and another woman answered, a new secretary. Why did she leave, Harry? "

"Aren't you going to eat your potato?"

"I'm afraid I'm losing my appetite."

"Listen, Luisa was a sweet girl, but nothing ever went on between us. I swear. I'm afraid the girl had an imagination."

"Hmm . . ."

"You don't believe me?"

"Some nights you didn't come home."

"I always came home."

"No you didn't, Harry."

"I should have known if I didn't come home."

"There were no towels, Harry. No tissues in the wastebasket."

"What are you talking about?"

"That year after I spoke with Luisa I took a couple of trips. Remember? Down to Ithaca to visit Marnie in college. You tried to make the house lived in. But things were missing. No wet towels in the hamper, no tissues in the bathroom wastebasket. Harry, you always nick yourself shaving."

"What do you want me to say? What you want to hear, or the truth?"

"The truth, Harry."

"Well, then here goes . . . I swear I never had sex with that woman."

—No es muy original, Harry. Y casi reconfortante, dadas las circunstancias.

—Las circunstancias?

—Así que no tuviste relaciones sexuales con Luisa. Nada mas eran tú, ella y un puro cubano? Yo no le creo.

—Dee, vamos a dejar eso.

—Estás molesto.

—Yo ciertamente no lo estoy.

—Nunca supiste que yo lo sabía.

—No había nada que saber.

—Lo superé. Con el tiempo. Ahora tengo curiosidad. ¿Por qué lo hiciste? Pensé que estábamos felices.

—Éramos felices. Todavía somos felices.

—Harry, llega un momento en que la verdad es importante. La vida es acerca de las lecciones, tú lo dijiste no yo. Estoy en ese punto, tratando de aprender, descubrir cosas. Hay tanto de la vida que nunca sabremos. Luego están las cosas que podemos saber si hacemos el esfuerzo. Harry - ¿Qué se supone que ese suspiro significa?

—Nada.

—¡Qué desperdicio! Todos estos años pensando, con ganas de preguntar. Finalmente tengo el valor y…

—Oye, si te hace feliz. Sí.

—¿Sí?

—Yo tuve una aventura.

—Oh.

—Tú dijiste que querías saber.

"Not very original, Harry. And hardly comforting given the circumstances."

"Circumstances?"

"So you didn't have sex with Luisa. It was just you, her and a Cuban Cigar? I don't believe you."

"Dee, let's drop it."

"You're upset."

"I most certainly am not."

"You never knew I knew."

"There was nothing to know."

"I got over it. Eventually. Now I'm just curious. Why did you do it? I thought we were happy."

"We were happy. We still are happy."

"Harry, there comes a point when the truth is important. Life's about lessons, your quote not mine. I'm at that point, trying to learn, figure out things. There's so much about life we'll never know. Then there are those things that we can know if we make the effort. Harry, I – What's that sigh supposed to mean?"

"Nothing."

"What a waste. All these years wondering, wanting to ask. Finally I get the nerve up and–"

"Listen, if it makes you happy. Yes."

"Yes?"

"I had an affair."

"Oh . . ."

"You said you wanted to know."

—Me tomaré esa bebida.
—Pero tú insististe.
—Que sea una doble.

"I'll have that drink now."
"But you insisted –"
"Make it a double."

Quickstep

A las 11 am del domingo, Ted Blaine se sentó en la alcoba de su habitación alquilada. Los quehaceres de la semana – Servicio de lavandería, compras, cambiar las sábanas – se habían finalizado, dejando sólo una tarea desagradable: la temida visita semanal de su hermana, Meg. A medida que el agua hervía, alcanzó un paquete comprado en la tienda de galletas, lo abrió, luego trasladó la bandeja de plástico junto a su taza de espera. Él pensó que cuanto más preparado estuviera para la visita, más rápido ella entraría y saldría. Nunca funcionó realmente.

Él miró por la ventana y calle abajo. El lugar donde ella estacionó su Cavalier quedó vacío. Sus ojos recorrieron por la carretera. Nada se movía, ni un alma, ni un coche. Dios, cuanto él despreciaba domingo, la falta de vida en el. Recorrió el camino en busca de signos de vida, tal vez una sombra o la luz de un cigarrillo encendido en medio de las oscuras ventanas y persianas abiertas de forma desigual del edificio de ladrillos erosionados cruzando la calle. Pero la desolación continuó. Su mirada finalmente se estableció en lo que parecía ser, pilas de carbón a lo largo de la calle. Por supuesto, los montículos escarpados eran sólo incrustaciones exhaustas de nieve. Ted sacudió la cabeza. Esta vista desventurada no era nada comparado con las aguas alentejueladas de San Petersburgo. Maldición. En lugar de regresar a casa en Buffalo, él debería haber ido al oeste.

At 11 a.m. Sunday, Ted Blaine sat in the alcove of his rented room. The chores for the week – laundry, shopping, changing the sheets – had been dealt with, leaving only one distasteful task: the dreaded weekly visit from his sister, Meg. As the water boiled, he reached for a package of store-bought cookies, ripped it open, then moved the plastic tray next to her waiting cup. He figured the more he prepared for the visit, the faster she'd be in and out. Never really worked.

He looked out the window and down to the street. The spot where she parked her Cavalier remained empty. His eyes ran up the road. Nothing moved, not a soul, not a car. God, he despised Sunday, the lifelessness of it. He scoured for signs of life, perhaps a shadow or the glow of a lit cigarette amid the dark windows and unevenly pulled blinds of the weathered brick building across the street. But the desolation continued. His glance finally settled on, what appeared to be, piles of coal along the street. Of course the craggy mounds were just exhaust-encrusted snow. Ted shook his head. This hapless view was nothing compared the sequin waters of St. Petersburg. Damn. Instead of returning home to Buffalo, he should have gone west.

Pero, de nuevo, los animales heridos tendieron a dirigirse a territorio familiar.

Suspiró y devolvió su atención a la habitación. La puerta del baño estaba abierta. Profundamente dentro de su pecho sintió el dolor familiar – Stacy. Lo que más echaba de menos era su lencería enjuagada colgada en la barra de la cortina de la regadera. Lo que extrañaba menos eran sus excusas por no llegar a casa, dos, tres días a la vez. Inclinándose hacia adelante, llegó a su billetera. Él hizo promesas (a menudo rotas) para limitar las veces que el indulgenciaría. Pero era domingo y la mañana había transcurrido sin apenas pensar de ella.

Escondida detrás de su licencia de conducir estaba su foto, desnuda en la cama, acostada de lado, su cabeza apoyada en un codo doblado. Él pasó su dedo por la superficie pegajosa, arrugada. En una farmacia en algún lugar de Tennessee, ellos habían adquirido la Polaroid. A ella le gustaba que le tomaran fotos. Antes de oprimir el obturador, él insistía. —Vamos, Osito Teddy —ella murmuraba a través de una sonrisa forzada—.Toma la maldita foto. Sin embargo, se tomaba su tiempo. Era sólo a través del visor que tendría su singular atención, sentir un mínimo de control, sin embargo efímero.

A lo lejos una puerta de coche se azotó. Ted se inclinó hacia adelante y miró por la ventana. La sólida, robusta figura de Meg,

But then again, wounded animals tended to head for familiar territory.

He sighed and turned his attention back into the room. The door to the bathroom was cracked open. Deep inside his chest he felt the familiar ache – Stacy. What he missed most was her rinsed-out lingerie on the shower curtain rod. What he missed least were her lame excuses for not coming home, two, three days at a time. Leaning forward, he reached for his wallet. He had made promises (often broken) to limit the times he'd indulge. But it was Sunday and the morning had gone by with hardly a thought of her.

Tucked behind his driver's license was her picture, naked in bed, lying on her side, her head propped in a folded elbow. He ran his finger across the tacky, creased surface. In a drugstore check out somewhere in Tennessee, they had picked up the Polaroid. She liked having her picture taken. Before snapping the shutter, he'd lingered. "Come on, Teddy Bear," she'd mumbled through a forced smile. "Take the damn picture." But he took his sweet time. It was only through the viewfinder that he'd have her singular attention, feel a modicum of control, however fleeting.

In the distance a car door slammed. Ted leaned forward and peered out the window. Meg's solid, squat figure,

vestida con un abrigo negro y grueso, se apartó de la calle y subió a la acera.

Ted le dio a la fotografía otra mirada anhelante. Siguió las curvas, la forma en que su cuerpo mojado se levantaba, finalmente, dándose un festín con aquellos grandes pechos de pezones oscuros. Sus manos callosas, ella le dijo, que la enloquecían. Bueno, ahora era su turno para ser conducido hasta el borde. Quince meses y aún estaba atrapado, sumido en un laberinto de enamoramiento, en donde todos sus pensamientos retorcidos, apuntaban y retrocedían a los seis meses que pasaron juntos.

Él meneó la cabeza. Meg le había dicho que la mejor manera de olvidarse de Stacy era seguir adelante, encontrar a alguien más. Hubo un par de candidatas – la casera de abajo y Jennie de la tienda de ferretería, ambas niñas amables, no particularmente juveniles, pero agradables, sin embargo. Ted ahora pensó en otra de las desventajas de haber estado con Stacy. Además de tener que lidiar con sus actos de desaparición, él parecía irremediablemente atrapado en las mujeres jóvenes. Maldito tonto, se dijo a si mismo. Pero, ¿hubiera cambiado un solo momento? Simplemente – no.

Al escuchar los pasos familiares de Meg, enterró la fotografía en su cartera y fue hacia la puerta.

—Maldito clima —dijo Meg en el umbral abierto, pisando fuerte en el pequeño tapete de goma—. Cada año, juro que me iré. Y mírame, míranos. ¿Qué somos, masoquistas?

clothed in a heavy black coat, stepped off the street and onto the sidewalk.

Ted gave the photograph another longing gaze. He followed the curves, the way her body dipped and rose, finally feasting on those full breasts with dark nipples. His calloused hands, she'd said, drove her crazy. Well, now it was his turn to be driven to the edge. Fifteen months and he was still stuck, mired in a love-sick maze, where all his thoughts twisted, turned and backtracked to the six months they had together.

He shook his head. Meg had told him the best way to forget Stacy was to move on, find someone else. There were a couple of candidates – the landlady downstairs and Jennie at the hardware store, both nice girls, not particularly youthful, but nice nevertheless. Ted now thought of another drawback of having been with Stacy. Besides having to deal with her disappearing acts, he seemed hopelessly stuck on youngish women. Damn fool, he told himself. But would he have changed a moment? Simply – no.

Hearing Meg's familiar steps, he buried the picture in his wallet and went for the door.

"Effing weather," said Meg in the open doorway, stomping her feet on the small rubber mat. "Every year, I swear I'll leave. And look at me, look at us. What are we, masochists?"

Ted no quería ser parte de la editorial *nosotros*, pero lo dejó ir. Con Meg, él tenía que elegir sus batallas. Extendió las manos. —El invierno no va a durar mucho más tiempo. Dame tu abrigo. Yo lo colgaré.

Ella deslizó sus brazos por las mangas. —No te molestes. —Le dio un estirón y lo arrojó sobre la cama. Luego, enderezando su suéter, se acercó a la mesa y se sentó—. Chispas de chocolate hoy. ¿Son el tipo masticable?

—¿Hay alguna diferencia?

—Por supuesto. —Ella bajó la cabeza y observo con atención—. Por lo general, mientras más delgadas son, más masticables.

Su rostro se arrugó. —Se ven bastante gruesas. Apuesto a que son como rocas.

—Lo siento —dijo.

—No lo esté —dijo con un movimiento de su mano—. Siguen siendo buenas para sopear.

Ted miró el reloj junto a la cama. Por lo general ella se quedaba media hora. De su cálculo rápido, sólo treinta segundos habían transcurrido. Dios, ¿cómo fue que comenzó este ritual? Sí, ya recuerda. El primer mes en casa, él estaba, ¿cuál fue su palabra? Abatido.

—¿Cómo estuvo el trabajo esta semana? — preguntó.

—Bien.

—¿Conociste a alguien?

Ted puso una cucharadita de café instantáneo en la taza de ella. —Conocí a un montón de gente. Ese es mi trabajo.

Ted didn't want to be part of the editorial *we*, but let it go. With Meg, he had to pick his battles. He extended his hands. "Winter won't last much longer. Give me your coat. I'll hang it up."

She slipped her arms from the sleeves. "Don't bother." She gave the coat a heave-ho and tossed it onto the bed. Then, straightening her sweater, she walked to the table and sat. "Chocolate chips today. Are they the chewy kind?"

"There's a difference?"

"Of course." She lowered her head and zeroed in. "Usually the thinner they are, the chewier." Her face scrunched up. "They look pretty thick. Bet they're like rocks."

"Sorry," he said.

"Don't be sorry," she said with a wave of her hand. "They're still good for dunking."

Ted glanced at the bedside clock. She usually stayed a half hour. From his quick calculation, only thirty seconds had gone by. God, how did this ritual begin? Yes, now he remembered. The first month back home, he was, what was her word? Despondent.

"How was work this week?" she asked.

"Fine."

"Meet anybody?"

Ted put a teaspoon of instant coffee into her cup. "I met plenty of people. That's my job."

—Ted, sabes a qué me refiero. ¿Algún prospecto?

—No, Meg, ningún prospecto. ¿Qué hay de ti?

Sus hombros se hundieron. —Te acuerdas de Jerry, el hombre que cantaba en el coro. Parecía interesado, y luego ¡puf!, desapareció. Le pregunté al reverendo por él. Al parecer, el hombre se mudó a Mt. Morris, donde quiera que sea eso. —Ella tomó una galleta y la sostuvo en el aire—. Seamos realistas, Ted. Nosotros los Blaine, estamos malditos. No hay manera de evitarlo. —Luego le dio un mordisco—. Seco pero sabroso.

Él derramó agua caliente en la taza, y luego empujó el azúcar y la leche frente a ella.

—Gracias —dijo. ¿Estás bien?

—Soy un niño grande —dijo en un tono nivelado—. Deja de preocuparte por mí.

—Bueno, ciertamente aterrizaste en tus pies.

Sentado, Ted contuvo una risa irónica. Aquí, él tenía cincuenta y siete años de edad en una habitación alquilada con un trabajo que pagaba el salario mínimo y cuentas sin pagar sin límite. —Desde luego que sí.

—¿Has pensado más sobre conseguir un divorcio?

—Meg, no hablemos de eso. Tengamos una agradable visita.

—Ahora Teddy…

"Ted, you know what I mean. Any prospects?"

"No, Meg, no prospects. How about yourself?"

Her shoulders slumped. "Remember Jerry, the man who sang in the choir. He seemed interested, then poof, disappeared. I asked the Reverend about him. Apparently, the guy moved to Mt. Morris, wherever the hell that is." She picked up a cookie and held it in the air. "Let's face it, Ted. We Blaines are cursed. No way around it." She then took a bite. "Dry but tasty."

He sloshed hot water into her cup, then pushed the sugar and milk in front of her.

"Thanks," she said. "You okay?"

"I'm a big boy," he said in a level tone. "Stop worrying about me."

"Well, you certainly landed on your feet."

Sitting down, Ted stifled an ironic laugh. Here he was fifty-seven years old in a rented room with a job that paid minimal wage and unpaid bills up the wazoo. "I certainly did."

"Have you thought any more about getting a divorce?"

"Meg, let's not talk about that. Let's have a nice visit."

"Now Teddy…"

Él interrumpió: —Por favor no me llames Teddy—. Él tenía tres años más por el amor de Dios.

Ella se recargó en la silla. —Bueno, está bien. Es sólo que he estado pensando. De hecho, tengo la solución perfecta.

—¿Solución a qué?

—Tu vida.

Él respiró hondo, pensando en la botella de whisky que tenía en el armario debajo del fregadero. Podía beberla o simplemente sigilosamente por detrás, rompérsela en la cabeza. —Meg, cualquier discusión acerca de mi vida está fuera de los límites.

—No sólo se trata de ti. Se trata de nosotros. Por favor escucha.

Él volteó los ojos, pero guardó silencio.

—Creo que debemos unir nuestros recursos y vivir juntos.

Su mente se quedó paralizada. —Estás bromeando, ¿verdad?

—¿Bromeando? Por supuesto que no. Podríamos comprar un doble. Prefiero el piso de abajo, pero podríamos negociar...¿Por qué meneas la cabeza?

—Estoy meneando la cabeza, porque las palabras se me escapan.

—Oh. De todas formas, ya no estamos tan jóvenes. Podemos ayudarnos mutuamente. Puedo comprar la comida, preparar la cena. Tú puedes hacerte cargo de la parte exterior, hacer las reparaciones que puedan surgir.

He interrupted, "Please don't call me Teddy." He was three years older for chrissake.

She settled back in the chair. "Well, all right. It's just that I've been thinking. In fact, I've got the perfect solution."

"Solution to what?"

"Your life."

He took a deep breath, thinking of the bottle of whiskey he kept in the cabinet below the sink. He could drink it or simply creep up from behind and break it on her head. "Meg, any discussion about my life is off limits."

"It's not only about you. It's about us. Please listen."

He rolled his eyes, but kept quiet.

"I think we should pool our resources and move in together."

His mind seized up. "You're joking, right?"

"Joking? Of course not. We could buy a double. I'd prefer the downstairs, but we could negotiate – Why are you shaking your head?"

"I'm shaking my head because words escape me."

"Oh. Anyway, we're not getting any younger. We can help each other out. I can food shop, fix dinner. You can take care of the outside, do any repairs that come up.

Y, por supuesto, esto no impedirá que cualquiera de nosotros se vuelva a casar. Cada uno tendrá un piso. Y, te gustará esto, sería más barato. ¿Cuanto estás pagando aquí? Setenta y cinco a la semana. Eso es 300 al mes. Uniendo nuestro dinero, podríamos tener algo mejor, vivir en los suburbios. Hay un lugar muy bonito al lado de la casa de Marge. Tú te acuerdas de Marge. . .

Sus ojos brillaron. Ella siguió hablando. Ted dejó de escuchar, se desconectó.

Stacy y él habían vivido en un motel durante seis meses. Ellos habían buscado departamentos, pero le gustaba la pequeñez de la habitación de un motel, la intimidad. Ella nunca estaba a más que unos pasos de distancia, haciendo cosas que las mujeres hacen – pintar uñas de los pies, probarse ropa, ducharse en una nube de vapor.

—Sólo hay un inconveniente. Ted, ¿estás escuchando?

—Sí. ¿Y cual es?

—Ahora, no te ofendas, pero si todavía estás casado, ella tendría derecho a la propiedad. No podemos permitir que eso suceda.

Sorprendentemente, una puerta de trampa se abrió. Él asintió con la cabeza. — Absolutamente.

Su rostro se iluminó. —¿Entonces te gusta la idea?

—Meg, es increíble. Pero como tú dijiste, hasta que esté divorciado está fuera de

And of course this doesn't preclude either one of us from marrying again. We'll each have a flat. And, you'll like this, it would be cheaper. What are you paying here? Seventy-five a week. That's three hundred a month. Pooling our money, we might be able to upgrade, live in the suburbs. There's a really nice place next to Marge's. You remember Marge..."

Her eyes sparkled. She was on a roll. Ted stopped listening, tuned out.

Stacy and he had lived in a motel for six months. They had looked at apartments, but he liked the smallness of the motel room, the intimacy. She was never more than a few steps away, doing the stuff women did – painting toenails, trying on clothes, showering in a steamy haze.

"There's only one snag. Ted, are you listening?"

"Yes. And what's that?"

"Now don't get bent out of shape, but if you're still married, she'd be entitled to the property. We can't let that happen."

Remarkably, a trap door opened. He nodded. "Absolutely."

Her face lit up. "So you like the idea?"

"Meg, it's terrific. But like you said, until I'm divorced it's out of

consideración. Un divorcio cuesta dinero. Dinero que no tengo.

—Yo te apoyo.

—No puedo tomar tu dinero, Meg.

—Me puedes devolver el dinero. Lo consideraremos un préstamo.

—Ya estoy lo suficientemente endeudado.

—Su mente corría con otros argumentos— Tengo que situarme. Además ¿no estabas hablando de conseguir un condominio? Las casas pueden ser costosas. Ambos sabemos eso.

Ella retiro su mirada. —Sí, es cierto, pero...

—Pero, ¿qué?

Ella le dirigió una mirada solemne, como de roca. —Ted, ella está ahí afuera.

—¿Quién está afuera de dónde?

—Esa mujer, la tal Stacy.

Ted levantó las manos. —Acordamos no hablar de ella.

—Pero mientras tú estés casado, sus cuentas son tuyas. ¿No estás teniendo una mayor posibilidad permaneciendo casado que finalmente terminar con ello? Ella ya te mandó esa cuenta de tarjeta de crédito. ¿Cuántas más seguirán? ¿Cómo puedes estar seguro de que ella no está gastando como loca por el mundo?

Ted se sintió contra la pared con un pelotón de fusilamiento tomando disparos al azar. Así es como su hermana lo hizo sentir, acorralado, indefenso, sin salida. Tratando de

the question. A divorce costs money. Money I don't have."

"I'll stake you."

"I can't take your money, Meg."

"You can pay me back. We'll consider it a loan."

"I'm in too much debt as it is." His mind raced with other arguments. "I gotta get myself situated. Besides weren't you talking about getting a condo? Houses can be expensive. We both know that."

She stared off. "Yes, that's true, but –"

"But what?"

She gave him a solemn look, stone-like. "Ted, she's out there."

"Who's out where?"

"That woman, that Stacy."

Ted raised his hands. "We agreed not to talk about her."

"But as long as you're married, her bills are yours. Aren't you taking a bigger chance by staying married than finally ending it? She already sent you that credit card bill. How many more will follow? How can you be sure she's not charging her way across the planet? "

Ted felt he was up against a wall with a firing squad taking potshots. That's how his sister made him feel, cornered, helpless, with no exit. Trying to

mantener la calma, él la ignoró y miró por la ventana.

—¿No tienes ninguna respuesta, verdad Ted? Siempre en la negación. No sé por qué me molesto.

La mecha estaba ahora encendida. Sintiendo una quemadura leve, él desafió su mirada. —¿Molestarte Meg? ¿Molestarte con qué?

—Con venir aquí todos los domingos, tratando de levantarte el ánimo. Tú sabes que yo podría estar haciendo otras cosas. Lleva casi dos horas de mi día, mi día libre. ¿Y para qué, para verte deprimirte? A veces, creo que quieres volver con esa puta.

—¡No la llames así! —dijo.

—Puta es poco.

—Creo que debes irte.

—¿Me estás echando? —Ella se levantó de la silla—. Está bien. Me voy. Pero no antes de decir una cosa más. No me voltees los ojos.

Ted se levantó, llevó los vasos a medio llenar al fregadero y abrió el grifo. A medida que el fregadero se iba llenando de agua, le echó un poco de detergente para lavar platos. Para calmarse, se concentró en la espuma ondulante y empezó a contar.

Ella estaba detrás de él, parada. —Se acabó Ted. Consíguete una vida. Esa puta sin duda ya lo hizo. —De repente, las galletas que había comprado volaron junto a él y cayeron en el agua—. Ha —agregó. Ahora es tu turno de limpiar mi desorden.

to remain calm, he ignored her and looked out the window.

"Don't have any answers, do you Ted? Always in denial. I don't know why I bother."

The fuse was now lit. Feeling a slight burn, he challenged her gaze. "Bother Meg? Bother with what?"

"With coming here every Sunday, trying to cheer you up. You know I could be doing other things. Takes almost two hours out of my day, my day off mind you. And for what, to see you moping around? Sometimes, I think you want to get back with that slut."

"Don't call her that," he said.

"Slut's being nice."

"I think you should leave."

"You're throwing me out?" She hauled herself from the chair. "Fine. I'm going. But not before I say one more thing. Don't you roll your eyes at me."

Ted got up, took the half-filled cups to the sink, and turned on the tap. As the sink filled with water, he squeezed in some dish detergent. To calm down, he focused on the billowing foam and began to count.

She was behind him, hovering. "It's over Ted. Get a life. That whore certainly has." Suddenly, the cookies he had bought sailed past him and splashed into the water. "Ha," she added, "Now it's your turn to clean up MY mess.

Que te diviertas—. Segundos después, las paredes se sacudieron con el portazo.

Al igual que los restos de un barco, las galletas flotaban en el agua. Ted se acercó. Escaldando sus dedos, agarró la bandeja de plástico y la sacó. Una idea surgió. El compartimiento de moldeado podría ser reciclado, tal vez se utiliza para contener esponjas y jabón. Y por primera vez ese día, sonrió. Los domingos eran ahora oficialmente suyos, para hacer lo que quisiera.

~~~

A mediados de semana, Ted todavía no había llenado el inesperado, pero bienvenido vacío, dejado por su hermana. Sin embargo, el sábado por la tarde se presentó una oportunidad por sí misma. Durante un descanso de la tienda de ferretería, mientras estaba sentado en la caja registradora, sus ojos se posaron sobre Jennie. En ese momento ella estaba en el pasillo de plomería clasificando émbolos. Mas temprano en el día ella le había preguntado por su desagüe de la bañera. Él le había dado su opinión, pero ahora se preguntaba si debería llevarlo a otro nivel.

Ted la miraba mientras se movía, ligeramente hundida en pantalones de mezclilla y un suéter. Jennie, de mediana edad, no era nada como Stacy y Ted no estaba seguro si podía hacer la transición, ir de *mar y tierra* a *macarrones con queso*. Sin embargo, Jennie no carecía de encanto. Ella sonreía mucho, y sin importar el clima, siempre parecía optimista.

Have fun." Seconds later the walls shook from the slamming door.

Like wreckage from a ship, cookies bobbed in the water. Ted reached in. Scalding his fingers, he grabbed the plastic tray and lifted it out. An idea struck. The molded compartment could be recycled, maybe used to hold sponges or soap. And for the first time that day, he smiled. Sundays were now officially his, to do as he pleased.

~~~

By midweek, Ted still hadn't filled the unexpected, but welcomed void, left by his sister. However, on Saturday afternoon an opportunity presented itself. During a breather at the hardware store, while sitting at the cash register, his eyes fell on Jennie. At that particular moment she was down the plumbing aisle sizing up plungers. Earlier in the day she had asked him about her bathtub drain. He had given her his opinion but now wondered if he should take to another level.

Ted watched as she moved, slightly slumped in jeans and a sweater. Jennie, middle-aged, was nothing like Stacy and Ted wasn't sure if he could make the transition, go from surf 'n' turf to macaroni 'n' cheese. Still, Jennie was not without charm. She smiled plenty and, no matter what the weather, seemed always upbeat.

En comparación con los cambios de humor de Stacy e incesantes quejas, la personalidad de Jennie era oro líquido.

Jennie se volvió hacia él, sosteniendo un aparato que parecía una mezcla entre una bomba de aire y un émbolo. Era un ingenioso invento que fusionaba presión de aire con succión, pero además de ser caro, era incómodo para maniobrar. Él se levantó del banco y caminó por el pasillo.

—Escucha, Jennie. —Él sacó un émbolo de trabajo pesado—. No gastes dinero de más. Esto hará el trabajo.

Ella mordió el interior de su mejilla. —No sé, Ted. Ya tengo uno de esos. No parece funcionar.

El volteó el émbolo de cabeza. —No todos los émbolos son creados iguales. —Le mostró la parte inferior, donde la parte de goma moldeada se doblaba sobre sí misma—. Apuesto a que el tuyo es uno de ésos de un solo filo. Esos no valen nada. Pero este bebé de aquí. Bueno, si quieres succión, aquí la tienes. —Una vez que las palabras estaban fuera, se sintió caliente, en parte, de vergüenza, en parte, no sabia de que—.

Sus ojos brillaron. —Eso es lo que necesito.

Le espetó: — Mira, si me das un aventón, quizás podría ir mañana y darte una mano.

Ella sonrió. —Suena muy bien. ¿A qué hora te recojo?

Compared with Stacy's moodiness and incessant whining, Jennie's personality was liquid sunshine.

Jennie turned toward him, holding up a gizmo that looked like a cross between an air pump and a plunger. It was an ingenious invention that coupled air pressure with suction, but besides being expensive, it was cumbersome to maneuver. He got off the stool and walked down the aisle.

"Listen, Jennie." He pulled out a heavy-duty plunger. "Don't spend the extra money. This will do the job."

She bit the inside of her cheek. "I don't know, Ted. I already have one of those. It doesn't seem to work."

He turned the plunger upside down. "Not all plungers are created equal." He showed her the underside, where the molded rubber bottom folded into itself. "Bet yours is one of those single-edged ones. They're worthless. But this baby here. Well, if you want suction, you got it." Once the words were out, he felt heated, partly from embarrassment, partly from he wasn't sure what.

Her eyes twinkled. "That's what I need."

He blurted, "Listen, if you can give me a lift, maybe I could stop by tomorrow and give you a hand."

She smiled. "Sounds great. What time should I pick you up?"

—Mañana por la mañana. ¿Digamos alrededor de las once?

—Claro que si —dijo.

De repente, Ted tenía una cita.

A medida que el turno transcurría, él la evitaba y cuando se fue, se sintió vagamente arrepentido. Después de todo, él seguía siendo un hombre casado. Pero eso era sólo una parte. En pocas palabras, y como Meg había deducido, se estaba guardando para Stacy. Sin embargo, más tarde esa noche, relajándose de la semana de trabajo en la taberna de la esquina, se calmó. Él solo iba a destapar el drenaje de la mujer, por Dios. Nada más.

A las 22:30 regresó a la casa de huéspedes. Betsy, la casera, estaba esperando. —Tiene una visita. —Ella se inclinó hacia él— una mujer.

Ted pensó inmediatamente en Meg. ¿Qué había hecho ahora?

—Dice que es su esposa.

Todo parecía sesgarse. Él se tambaleó hacia la pared. —¿Mi esposa? —él repitió.

—Le pedí una identificación. Decía Blaine. —Sus ojos se lanzaron por las escaleras—. Ella está esperando.

Ted miró al segundo piso.

—Ahora Ted, has sido un buen inquilino, pero es una habitación por persona. Si se queda, voy a tener que cobrarte el doble.

Él asintió con la cabeza distraídamente.

—No hay problema.

"Tomorrow morning. Say around eleven?"

"Sure thing," she said.

Suddenly, Ted had a date of sorts.

As the shift wore on, he avoided her and by the time he left for the day, he felt vaguely remorseful. After all, he was still a married man. But that was only part of it. Bottom line was, and as Meg had deduced, he was still holding out for Stacy. However, later that evening, unwinding from the work week at the corner tavern, he calmed down. He was unplugging the woman's drain, for chrissake. Nothing more.

At 10:30 p.m. he returned to the rooming house. Betsy, the landlady, was waiting. "You have a visitor." She leaned toward him, "a woman."

Ted immediately thought of Meg. What had he done now?

"Says she's your wife."

Everything seemed to slant. He teetered toward the wall. "My wife?" he echoed.

"I asked for ID. It said Blaine." Her eyes darted up the stairs. "She's waiting."

Ted looked to the second floor.

"Now Ted, you've been a fine tenant, but it's one room per person. If she stays, I'll have to charge you double."

He nodded distractedly. "Not a problem."

En el momento en que llegó al rellano, estaba sin aliento. Se estancó por un momento, no estaba seguro si debía tocar. En lugar de eso, se pasó la mano por el pelo, se puso más recto y giró el picaporte.

La única luz provenía del cuarto de baño. Proyectaba una rebanada amarilla sobre la alfombra. —Osito Teddy —fue su voz sensual—. Te he estado esperando.

Él vio su silueta en la ventana de la bahía, sentada donde Meg se había sentado.

—Stacy?

Ella no se levantó. —Soy yo, bebe. Ha pasado un tiempo, ¿eh?

Alcanzó la lámpara de poste situada junto a la cómoda y buscó a tientas con la tapa pequeña acanalada. De repente la habitación se llenó de una luz suave. Ella llevaba puesta una de sus camisetas, ella las llamaba playeras de tipo *golpeador de mujeres*. Sus pechos sobresalían de la parte superior y los lados, estirando la tela logrando una transparencia. Sus tetas, como piedrecitas, parecían como si hubieran dividido el material completo. Sus piernas desnudas fueron cruzadas. Dada la historia pasada, el dudaba de que llevara puesto nada más.

Plantado en el lugar, sintiendo una sensación de animación suspendida, él le preguntó: —¿Qué estás haciendo aquí?

—Pagando una visita. ¿Está bien?

By the time he reached the landing, he was winded. He stalled for a moment, not sure if he should knock. Instead, he ran his hand through his hair, stood straighter and turned the knob.

The only light came from the bathroom. It cast a yellow slice onto the carpet. "Teddy Bear," came her sultry voice. "I've been waiting."

He saw her silhouette in the bay window, sitting where Meg had sat.

"Stacy?"

She didn't get up. "It's me, baby. Been awhile, huh?"

He reached for the pole lamp located next to the dresser and fumbled with the tiny ribbed cap. Suddenly the room filled with soft light. She was wearing one of his T-shirts, the wife beater kind she had called them. Her breasts bulged out from the top and sides, stretching the fabric to transparency. Her tits, like pebbles, looked as if they'd split the material altogether. Her bare legs were crossed. Given past history, he doubted she was wearing anything else.

Planted to the spot, feeling a sense of suspended animation, he asked, "What are you doing here?"

"Paying a visit. Is that all right?"

—Supongo —dijo no muy seguro. En lugar de acercarse, se sentó en la cama—. Te ves bien.

Ella descruzó las piernas. —Pensé que no lo habías notado.

Su corazón se aceleró. Empezó a sentirse adolorido.

—¿Osito Teddy está feliz de verme?

—Yo —fue todo lo que pudo decir.

Ella se levantó. Su camiseta cayó hasta sus muslos. Ella caminó hacia él. —¿Puedo sentarme en tu regazo?

Él asintió con la cabeza.

Ella buscó su cuello, y luego abriendo las piernas, se sentó a horcajadas sobre él. Los brazos de él se cerraban en su espalda baja. Ella le susurró al oído, —Te he extrañado, Teddy—. Su aliento cálido y dulce lo estremeció.

Ella le desabrochó el cinturón. —Ahora, yo no quiero que te esfuerces. Déjame ocuparme de ti.

Ted quería detenerla. Decirle, escucha no puedes venir aquí y esperar que yo actúe como si nada hubiera pasado. Pero, bueno, no había necesidad de guardar rencores.

A las 9 am Ted despertó. Stacy estaba acostada de espaldas con la cabeza ligeramente volteada y la boca abierta. Un poco de saliva había fluido. Él dejó que sus ojos cayeran sobre

"I suppose," he said not quite sure. Instead of getting close, he sat on the bed. "You're looking well."

She uncrossed her legs. "Thought you hadn't noticed."

His heart revved up. He began to feel achey.

"Is Teddy Bear happy to see me?"

"I," was all he could manage.

She stood up. His T-shirt fell to her upper thighs. She walked toward him. "Can I sit on your lap?"

He nodded.

She reached for his neck, then spreading her legs, straddled him. His arms closed in on her lower back. She whispered in his ear, "Missed you, Teddy." Her warm, sweet breath turned him inside out.

She unbuckled his belt. "Now, I don't want you to strain yourself. Let me take care of you."

Ted wanted to stop her. Say, listen you just can't come in here and expect me to act like nothing's happened. But, well, there was no need to hold a grudge.

At 9 a.m. Ted awoke. Stacy was lying on her back with her head slightly turned and her mouth wide open. A little spit drained out. He let his eyes fall over

su cuerpo. Ella estaba desnuda y extendida, como de costumbre, dejándolo al borde de la cama. Quería acercarse y tocarla, sentir su piel suave y caliente. Pero ¿a qué precio? Despertarla nunca fue una tarea agradable. No era una persona madrugadora. Sin embargo, tal vez las cosas habían cambiado. Carajo, por supuesto, que habían cambiado. Había venido corriendo de regreso. Se inclinó y sopló en su teta. Sin despertar ella dio un manotazo, golpeando su nariz. Él se echó hacia atrás y esperó a que sus ojos se abrieran. En lugar de eso, se dio la vuelta mirando hacia la otra dirección. Entonces decidió levantarse, tomar una ducha y hacer algo de ruido.

Mientras el agua golpeaba contra sus hombros, Teddy pensó mucho acerca de la situación y sobre quien tenía la sartén por el mango. Por una vez, sintió que tenía las cartas y podría hacer exigencias, hacerla pisar la línea. No es que fuera a pedir mucho, pero si quería estar con él tendría que haber ciertas reglas, expectativas – no más noches lejos de él, no más excusas tontas para tomar cuatro horas para salir por un litro de leche. Tendrían que mudarse de la habitación, por supuesto. Tal vez rentar un trailer en un parque móvil, al menos hasta que él se recuperara. Él podría tomar un trabajo extra como camarero los fines de semana. Tendría sus días para sí misma y podría quedarse con él en el bar o volver a trabajar de camarera un par de horas a la

over her body. She was naked and spread out, as usual, leaving him on the edge of the bed. He wanted to reach over and touch her, feel the smooth, warm skin. But at what price? Waking her was never a pleasant task. She wasn't a morning person. Still, maybe things had changed. Hell, of course they'd changed. She'd coming running back. He leaned over and blew on her tit. Without waking she swatted, knocking his nose. He reared back and waited for her eyes to open. Instead, she rolled over and faced the other direction. He then decided to get up, take a shower and make some noise.

As the water pelted against his shoulders, Teddy thought hard about the situation and who had the upper hand. For once, he felt he held the cards and could make demands, have her tow the line. Not that he'd ask for much, but if she wanted to be with him there'd be certain rules, expectations – no more nights away from him, no more lame excuses for taking four hours to run out for a quart of milk. They'd have to move out of the room of course. Maybe find a rental in a mobile park, at least until he got back on his feet. He could pick up extra work as a bartender on the weekends. She'd have her days to herself and could stay with him at the bar or go back to waitressing a few hours a

semana para mantenerse ocupada y traer algo de dinero extra.

La noche anterior no habían tenido la oportunidad de hablar. No se hicieron preguntas, no dieron motivos. Igual de bien. ¿Por qué no comenzar de nuevo? Él se enjabonó, se afeitó, usó hilo dental, luego cogió una loción Old Spice para después de afeitarse. Sintió un hormigueo en la cara. En lugar de vestirse, mantuvo la toalla a la cintura. Tal vez ella estaría despierta y lista para otra ronda. Pero cuando abrió la puerta, ella permanecía muerta para el mundo, roncando como un rinoceronte. Se vistió y salió a buscar su desayuno favorito, un doble crema grande de café Tim Horton y un McMuffin de huevo.

Cuando regresó veinte minutos más tarde, ella estaba sentada en la ventana, fumando y vistiendo una de sus camisetas. Su pelo estaba revuelto, como si hubiera despertado en ese momento. Pero sus labios estaban rojos y brillantes. —Hola, Osito Teddy — dijo.

Se acercó a la mesa. —Te tengo algo para desayunar—. Desde el interior de su bolsillo sacó tres cremas adicionales y las dejó caer sobre la mesa.

Ella tomó el café. —Te acordaste. Eres un muñeco.

Se inclinó y la besó en la mejilla. Olía a sexo. Él puso su mano en la camiseta y le apretó un pecho. —Teddy, me estás desgastando —dijo. Necesito un poco de café primero—. Él se retiró y se sentó frente a ella.

to keep busy and bring in some extra cash.

The previous evening they hadn't had a chance to talk. No questions were asked, no reasons given. Just as well. Why not start fresh? He lathered up, shaved, flossed, then reached for some Old Spice aftershave. It tingled on his face. Rather than dress, he kept the towel around his waist. Maybe she'd be awake and ready for another round. But when he opened the door, she remained dead to the world, snoring like a rhino. He got dressed and headed out for her favorite breakfast, a large double cream Tim Horton coffee and an Egg McMuffin.

When he returned twenty minutes later, she was sitting at the window, smoking and wearing one of his T-shirts. Her hair was mussed as if she had just awoken. But her lips were blood red and shiny. "Hey, Teddy Bear," she said.

He walked over to the table. "I got you some breakfast." From inside his pocket he pulled out three extra creams and dropped them on the table.

She reached for the coffee. "You remembered. You're such a doll."

He leaned over and kissed her cheek. She smelled like sex. He put his hand on the T-shirt and squeezed one breast. "Teddy, you're wearing me out," she said. "I need some coffee first." He backed off and sat across from her.

—También tenemos que hablar —dijo ella, retirando la tapa de la taza de cartón.

¿Hablar? A él no le gusto el sonido de eso. ¿Fue este otro truco por dinero? —Adelante.

—Yo sé lo que debes estar preguntándote. ¿Dónde he estado? ¿Lo que he estado haciendo? Debí haberte dicho. Tú fuiste bueno conmigo, Ted, el mejor. No debería haberme aprovechado de ti. Yo. . . ya sabes, lo siento.

Sus labios se convirtieron en una sonrisa dudosa, como si acabara de oír una broma que él no entendió. ¿Stacy estaba arrepentida? Carajo, ella nunca se había disculpado antes. Tal vez se dio la vuelta a la hoja, o tal vez. . . — ¿Estás bien? Quiero decir, ¿no estás enferma ni nada?

—Diablos, no.

La tensión en sus hombros se relajó. Gracias a Dios.

—Escucha, te agradezco que te hayas hecho cargo de esa cuenta que te envié. Sé que debe haber sido un inconveniente.

—No pienses en ello. Eres mi mujer. Tenemos que hacernos cargo el uno del otro.

Los ojos de ella se dirigieron a la taza de café. Su pulgar y su dedo índice en el borde arrancado de papel. Algo estaba en su mente. Ted se movió de la silla más cercana y trató de leer su rostro. Ella estaba en otro mundo, a kilómetros de distancia. Tomando una oportunidad, él colocó su mano sobre su pierna por encima de la rodilla. Ella no dijo nada. Acaricio su suave muslo interno hacia arriba.

"We also need to talk," she said, removing the lid from the cardboard cup.

Talk? He didn't like the sound of that. Was this another ploy for money? "Go on."

"I know what you must be wondering. Where I've been? What I've been up to? I should have let you know. You were good to me, Ted, the best. I shouldn't have taken advantage of you. I'm . . . you know, sorry."

His lips turned into a doubtful smile, as if he'd just heard a joke he didn't understand. Stacy was sorry? Hell, she'd never apologized before. Maybe she turned over a new leaf, or maybe . . . "You okay? I mean you're not sick or anything?"

"Hell, no. "

The tightness in his shoulders loosened. Thank God.

"Listen, I really appreciate you taking care of that bill I sent you. I know it must have been an inconvenience."

"Don't think about it. You're my wife. We have to look out for each other."

Her eyes shifted to the cup of coffee. Her thumb and index finger plucked at the paper lip. Something was on her mind. Ted moved the chair closer and tried reading her face. She was in another world, miles away. Taking a chance, he placed his hand on her leg above the knee. She said nothing. He felt upward along the smooth inner thigh.

Sus piernas se separaron con facilidad. Qué suave una mujer puede ser. Sedosa. Y muy caliente.

Cualquiera que sea la preocupación que tenía, parecía haber pasado. Sus ojos se posaron en él. —Teddy, tengo algo que decir. Bueno, no decir, discutir.

Él llegó más lejos, separando los pegajosos y húmedos pliegues. Ella se quedó sin aliento. De repente, todo tuvo sentido, el desesperado, sexo diurno que habían tenido en habitaciones sucias y frías de motel, después de interminables horas de manejo en autopista y erecciones. Apenas se habían conocido. Habían transcurrido solo dos cortos meses antes de que vendiera la casa y se fueran a Florida. Mucho cambió en muy poco tiempo. Pero valió la pena cada momento para ver su cuerpo sacudirse y olearse. Él sintió la boca seca. Se levantó y se bajo el cierre de los pantalones.

—Espera, Teddy, tranquilo. Tenemos que hablar.

—Eso puede esperar.

Sus ojos se posaron en él. —Osito Pooh, me estás distrayendo.

Él se despojó de su pantalón. —Esa es la idea, ¿no?

—¿Estás seguro de que puedes hacer esto?

Él se rio. —¿Acaso parece que no puedo? Ponte de pie —dijo, jalándola de la silla. Necesitaba verla desnuda, para imprimir su cuerpo en su mente. Jaló su camiseta.

Her legs parted easily. How soft a woman could be. Silky. And so very warm.

Whatever preoccupation she had, seemed to have passed. Her eyes fell on him. "Teddy, I've got something to say. Well, not say, but discuss."

He reached farther, parting the moist sticky fold. Her breath caught. Suddenly, it all came back, the desperate, daytime sex they'd had in dingy, chilly motel rooms after endless hours of thruway driving and hard-ons. They had barely known each other. It had been a short two months before he sold the house and they left for Florida. So much changed in so little time. But it was worth every moment to watch her body jiggle and heave. His mouth felt dry. He stood up and unzipped his pants.

"Now, Teddy, slow down. We have to talk."

"It can wait."

Her eyes fell on him. "Pooh Bear, you're distracting me."

He stepped out of his pants. "That's the idea, isn't it?"

"You sure you can do this?"

He laughed. "Does it look like I can't? Stand up," he said, pulling her off the chair. He needed to see her naked, to imprint her body into his mind. He tugged at the shirt.

—Cálmate, cariño.

Su cuerpo palpitaba. Él quería llevarla contra la pared sentir sus manos llenas de culo mientras ella se colgaba de él para salvar su vida. Le sacó la camiseta sobre su cabeza. Sus pechos parecían más llenos, su cintura más pequeña. ¿Había perdido unos cuantos kilos?, ¿había estado haciendo ejercicio? O ¿estaba ella feliz de verlo? Él tragó saliva, le pellizco una teta, a continuación, le pasó las manos por todas partes. Cualquiera que haya sido el cambio le había gustado mucho.

—Teddy –

—Escucha. Lo que sea que tengas que decir puede esperar. Las palabras salieron más bruscas de lo esperado. —Vamos a hacerlo. Entonces la apoyó contra la pared, la agarró por las piernas y la levantó.

Ella lo abrazó por el cuello y se sentó a horcajadas sobre él fácilmente.

Él miro hacia abajo y se deslizó entre sus piernas abiertas de par en par. Era como cortar en mantequilla suave. Profundamente dentro de ella, él comenzó a bombear. El cálido aliento jadeante de ella estaba en su cuello. Ella gimió con cada embestida y lo agarró con más fuerza. Él quería que durara para siempre, para sentir su necesidad hacia él. Él tuvo que retrasar las cosas. Se detuvo y trató de relajarse. Mirándola a los ojos marrones llorosos, dijo, —Háblame.

—¿Quieres hablar?

"Slow down, baby."

His body throbbed. He wanted to take her against the wall, feel hands full of ass while she hung onto him for dear life. He pulled the shirt over her head. Her breasts seemed fuller, her waist smaller. Had she lost a few pounds, been working out? Or was she just happy to see him? He swallowed hard, tweaked her tit, then ran his hands all over. Whatever the change he liked it plenty.

"Teddy —"

"Listen. Whatever you got to say can wait." The words came out gruffer than he expected. "Let's just do it." He then backed her against the wall, grabbed her legs and heaved her up.

She reached around his neck and straddled him easily.

He looked down at himself and slid between her splayed-open legs. It was like cutting into soft butter. Deep inside her, he began to pump. Her hot panting breath was on his neck. She moaned with each thrust and held on tighter. He wanted to last forever, to feel her needfulness for him. He had to slow things down. He stopped and tried to relax. Looking into her watery brown eyes, he said, "Talk to me."

"You want to talk?"

Sí, él quería que ella hablara. Para decir lo mucho que lo echaba de menos, cómo él era el único, ahora y siempre.

Ella no respondió. Él le había quitado el aliento. —Háblame. Dime lo que quieres. Yo puedo dártelo.

Sus caderas comenzaron a moverse. —Yo. . . Yo. . .

Él le apretó el culo. —Dime cariño.

—Teddy, que yo quiero. . .

Él se deslizó profundo dentro de ella. —¿Qué, cariño? —le dijo al oído.

—Teddy. . . Teddy. . . —Su voz se quedó sin aliento—. Quiero el divorcio.

¿Divorcio?

Ella empujó más fuerte, más rápido.

El se apoyó en ella, sujetándola contra la pared. —¿Qué dijiste?

—Espera, Pooh, tú me dijiste que hablara.

El sintió que se estaba ablandando. La miró a la cara. —Si quieres el divorcio, ¿qué demonios estamos haciendo?

—Ahora escucha. Esto fue idea tuya.

¿Su idea? Él se salió y la sentó.

—¿Qué? Será mejor que termines lo que empezaste.

Él miró alrededor en busca de sus pantalones.

—Ahora estás enojado.

—Stacy, vístete.

—No lo haré —se estiro para alcanzarlo.

Yeah, he wanted her to talk. To say how much she missed him, how he was the only one, now and forever.

She didn't respond. He had taken her breath away. "Talk to me. Tell me what you want. I can give it to you."

Her hips began move. "I . . . I . . ."

He squeezed her ass. "Tell me baby."

"Teddy, I want . . ."

He slid deep inside. "What, baby?" he said into her ear.

"Teddy . . . Teddy . . ." Her voice was breathless. "I want a divorce."

Divorce?

She pushed harder, faster.

He leaned against her, pinning her to the wall. "What did you say?"

"Now, Pooh, you told me to talk."

He felt himself getting soft. He looked at her face. "If you want a divorce, what the hell are we doing?"

"Now listen. This was your idea."

His idea? He pulled out and set her down.

"What? You may as well finish what you started."

He looked around for his pants.

"Now you're angry."

"Stacy, get dressed."

"I will not." She reached for him.

Él no le hizo caso. Como de costumbre, estaba jugando el papel de tonto. —Déjame en paz. Empaca tus cosas y salte.

—Está bien. Pero necesito que firmes algunos papeles.

—No voy a firmar nada.

Se subió la cremallera de sus pantalones. Algunas de sus ropas estaban tiradas en el suelo. Un par de pantalones de mezclilla hechos bola y un top. Él se agachó.

De repente, alguien llamó a la puerta. Ellos intercambiaron miradas.

¿Quién es? —gritó Ted.

—Ted, soy yo. Jennie.

Ted se secó la frente. Maldita sea.

Stacy se cruzó de brazos. —¿Jennie?

Él le lanzó a Stacy su ropa. —Se supone que debo ir a hacer algunos trabajos en su casa. Ve al baño y vístete.

—¿Por qué?

—¡Maldita sea! ¡Sólo hazlo!

Ella pisoteó y cerró la puerta del baño.

Ted tropezó con una camiseta. —Un minuto.

—Okey–Dokey —dijo la voz de Jennie.

Él miró alrededor de la habitación. Además de toallas húmedas, una cama deshecha y los envases de comida rápida, las porquerías de Stacy – maquillaje, botas, ropa interior – estaban por todo el lugar. Tendría que volver a programar en el pasillo. Él abrió la puerta un poco y salió.

He shrugged her off. As usual he was being played for a sucker. "Leave me alone. Pack your stuff and get out."

"Fine. But I need you to sign some papers."

"I'm not signing anything."

He zipped up his pants. Some of her clothes were laying on the floor. A balled-up pair of jeans and a top. He stooped down.

Suddenly, there was a knock at the door. They exchanged glances.

"Who is it?" Ted yelled.

"Ted, it's me. Jennie."

Ted wiped his forehead. Damn.

Stacy folded her arms. "Jennie?"

He tossed Stacy her clothes. "I'm supposed to do some work at her house. Go in the bathroom and get dressed."

"Why should I?"

"Dammit. Just do it."

She stomped off and slammed the bathroom door.

Ted fumbled with a T-shirt. "Be a minute."

"Okey-dokey," came Jennie's voice.

He looked the room over. Besides wet towels, an unmade bed and fast food containers, Stacy's crap – make-up, boots, underwear – was all over the place. He'd have to reschedule in the hall. He cracked open the door and slipped out.

—Hey, Jennie. —Como siempre ella estaba sonriendo.

—¿Listo para irnos? Es posible que necesites un abrigo. —Ella lo miró hacia abajo—.Y unos zapatos. . . ¿He llegado demasiado pronto? "

—No. Es sólo que algo ocurrió. Una emergencia se podría decir.

—Oh.

—Escucha. Lo siento. Tal vez podríamos reunirnos mañana por la noche después del trabajo.

—Bueno, seguro.

Sin previo aviso, la puerta se abrió de golpe. La expresión de Jennie se congeló. Ted se volteó. —Cristo. Stacy estaba completamente desnuda.

—¿Tienes novia y me estás dando un mal rato?

—Stacy, vuelve a la habitación.

Jennie dio un paso atrás. —Ted, hablaremos mañana.

—Bastante. —Stacy se estiró pasando a Ted y le agarró el brazo a Jennie—. No antes de que tengamos un mano a mano.

Ted rompió el agarre de Stacy. —Déjala en paz.

Stacy miró a Ted. —Está bien. No tenemos que hablar aquí. Sólo la voy a seguir hacia afuera. ¿Eso sería mejor, Ted? —Stacy dio un paso más allá de él—.Vamos, amiga —le dijo a Jennie.

"Hey, Jennie." As usual she was smiling.

"Ready to go? You may need a coat." She glanced down. "And some shoes . . . Did I come too early?"

"No. It's just that something came up. An emergency you could say."

"Oh."

"Listen. I'm sorry. Maybe we could get together tomorrow night after work."

"Well, sure."

Without warning, the door behind him flew open. Jennie's expression froze. Ted turned. Christ. Stacy was stark naked.

"You have a girlfriend and you're giving me a hard time?"

"Stacy, get back in the room."

Jennie stepped backward. "Ted, we'll talk tomorrow."

"Like hell." Stacy reached across Ted and grabbed Jennie's arm. "Not before we have a little tête à tête."

Ted broke Stacy's hold. "Lay off."

Stacy glared at Ted. "Fine. We don't have to talk here. I'll just follow her outside. Would that be better, Ted?" Stacy stepped past him. "Come on, girlfriend," she said to Jennie.

Jennie negó con la cabeza. —Pero yo no soy su novia.

En algún lugar del piso de abajo una puerta se abrió. —Ted —la voz de la casera se escucho —. ¿Está todo bien?

Grandioso, todo lo que necesitaba era ser expulsado. Ted se inclinó sobre la barandilla. —Ningún problema. —Él sujetó el brazo de Stacy y le dijo con los dientes apretados—. No necesito una escena.

Ella susurró en su oído. —Si no tienes nada que ocultar, entonces déjame hablar con ella.

—¿Quieres hablar con Jennie? —Él la empujó dentro de la habitación—.Entonces vístete.

—Como sea.

Conmocionada, Jennie se quedó inmóvil en el pasillo.

—Lo siento por esto, Jennie. —Él miró hacia la habitación—. Pero tal vez sería bueno hablar con Stacy. Si no te importa. Sólo di la verdad. Eso me ayudaría.

—Por supuesto, Ted.

Ted asomó la cabeza por la puerta. Stacy se había envuelto una sábana sobre los hombros y estaba sentada en la cama. Ella lo miró. Ted abrió más la puerta. —Adelante, Jennie.

Jennie se deslizó y se acurrucó contra la pared. Ted cerró la puerta.

—Ted es mi marido —le dijo Stacy a Jennie.

Jennie shook her head. "But I'm not his girlfriend."

Somewhere from downstairs a door opened. "Ted," the landlady's voice floated up, "is everything okay?"

Great, all he needed was to get thrown out. Ted leaned over the banister. "Not a problem." He clamped onto Stacy's arm and spoke between clenched teeth. "I don't need a scene."

She hissed into his ear. "If you have nothing to hide, then let me talk to her."

"You want to talk to Jennie?" He pushed her into the room. "Then cover yourself up."

"Whatever."

Shell-shocked, Jennie stood motionless in the hall.

"I'm sorry about this, Jennie." He looked toward room. "But maybe it would be good to talk to Stacy. If you wouldn't mind. Just tell the truth. It would help me out."

"Sure, Ted."

Ted poked his head through the doorway. Stacy had wrapped a sheet around her shoulders and was sitting on the bed. She glared at him. Ted opened the door wider. "Come on in, Jennie."

Jennie slipped in and cowered against the wall. Ted closed the door.

"Ted's my husband." Stacy told Jennie.

Jennie asintió con la cabeza.

—¿Te dijo que estaba casado?

—Bueno, en realidad. . . —Jennie miró a Ted.

Stacy se abalanzó. —¿Por qué lo estás mirando? ¿Qué están ocultando?

Jennie levantó sus manos. —No. No. Ted nunca dijo nada de una manera u otra. Pero había rumores en la tienda de que lo estaba.

—Diablos, sí. Está casado conmigo.

—Vamos al grano —dijo Ted. Jennie, ¿estamos saliendo?

—¿Tú y yo? No. Tú te ofreciste a arreglar mi bañera.

—Ajá —Stacy miró a Ted. Puede no ser tu novia ahora, pero ¿que tienes planeado?

Ted sacudió la cabeza. —Escucha Stacy. Jennie y yo trabajamos juntos. Somos amigos. Eso es todo. ¿Por qué te importa de todos modos? Tu quieres el maldito divorcio.

—Sí, Ted, yo quiero el divorcio, pero no hagas parecer que tú no. Es evidente que estás continuando con tu vida.

Ted sacudió la cabeza. —Stacy, No voy a firmar nada.

—Escucha Ted. He venido hasta aquí. Tuvimos algo bueno, pero se acabó.

—Vienes aquí y actúas como si todo estuviera bien. Luego me sales con esto. Dime por qué.

—¿Por qué? —Stacy lo miró—. No me hagas sentir culpable.

Jennie nodded.

"Did he tell you he was married?"

"Well actually . . ." Jennie glanced at Ted.

Stacy pounced. "Why are you looking at him? What are you two hiding?"

Jennie raised her hands. "No. No. Ted never said anything one way or another. But there was talk around the store that he was."

"Hell, yes. He's married to me."

"Let's cut to the chase," Ted said. "Jennie, are we dating?"

"You and me? No. You offered to fix my bathtub."

"Ah-ha." Stacy faced Ted. "She may not be your girlfriend now, but what you got planned?"

Ted shook his head. "Listen Stacy. Jennie and I work together. We're friends. That's it. Why do you care anyway? You want a damn divorce."

"Yes, Ted, I do want a divorce but don't make it sound like you don't. Clearly you're moving on."

Ted shook his head. "Stacy, I'm not signing anything."

"Listen Ted. I've come all this way. We had a good thing going, but it's over."

"You come in here and act like everything's fine. Then throw this at me. Tell me why."

"Why?" Stacy glared. "Don't lay a guilt trip on me."

—¿Culpable?

Jennie gorjeó. —Creo que debo irme.

—Espera —dijo Ted. Voy a ir contigo, tal y como te lo prometí. Stacy, necesitas calmarte. Hablaremos cuando vuelva.

—De ninguna manera me quedaré esperando en este chiquero. Firma estos documentos Ted Blaine.

Dejó caer la sábana de sus hombros y saltó de la cama.

—¡Stacy, vístate!

—Jod-te —gritó.

Ella estaba encorvada, hurgando en su equipaje. Ropa voló. —¿Dónde están los malditos papeles? —se dijo a sí misma.

Ted arrancó la sábana de la cama y lo arrojó sobre ella como una lona. Ella se dio vuelta y se abalanzó sobre él. —Hijo de puta.

Ted la agarró por las muñecas.

—Suéltame —gritó.

En la distancia, a través de su ira pulsante, escuchó la voz de Jennie. —Ted, alguien toca la puerta.

Se quedó paralizado.

Efectivamente, hubo un golpe leve. La casera, sin duda.

—Stacy, por favor, guarda silencio.

—No hasta que lo prometas.

—¿Prometer qué?

—Firmar los papeles.

"Guilt trip?"

Jennie chirped. "I should leave."

"Wait," said Ted. "I'm going to go with you, just like I promised. Stacy, you need to calm down. We'll talk when I get back."

"No way I'm hanging around this dump. You sign these papers Ted Blaine."

She let the sheet fall from her shoulders and jumped from the bed.

"Stacy, cover up!"

"Eff-you," she yelled back.

She was bent over, digging through some luggage. Clothes flew. "Where are those damn papers?" she said to herself.

Ted ripped the sheet from the bed and threw it over her like a tarp. She whipped around and lunged for him. "You sonofabitch."

Ted grabbed her wrists.

"Let go of me," she screamed.

In the distance, through his pulsing anger, he heard Jennie's voice. "Ted, someone's at the door."

He froze.

Sure enough, there was a faint knock. The landlady no doubt.

"Stacy, please be quiet."

"Not until you promise."

"Promise what?"

"To sign the papers."

—Bueno, bueno —él susurró.

Stacy se hizo a un lado. —Bueno, está bien. Yo me quedaré en silencio como un ratón. Te doy cinco minutos.

Ted meneó la cabeza, y luego abrió la puerta.

—Hola, Ted.

Su corazón dio un vuelco. ¿Meg?

—No puedo permanecer enojada.

Su cuerpo quedo paralizado, su mandíbula apretada. —Este no es un buen momento.

La cabeza de Meg se balanceaba de lado a lado, tratando de mirar más allá de él.

—No seas tonto —dijo Meg, y empujó la puerta contra él, arrojándolo fuera de balance.

La primera persona que Meg pareció notar fue Jennie, de pié junto a la pared. Meg sonrió.

—Oh, tienes compañía.

Ted saltó delante de su hermana, tratando de bloquear cualquier otro avistamiento. —Sí. Escucha, te llamo más tarde. Vamos a ir a cenar.

—¿Cenar? Bueno, sí, pero…

Las maniobras de Ted no fueron suficientes.

—¿Pero qué…

—Hola, Meg —dijo Stacy.

El rostro de su hermana se transformó, se puso duro y pálido como el concreto armado.

Stacy miró a Meg de arriba hacia abajo. —¿Qué? ¿Nunca habías visto una mujer desnuda? No, supongo que no.

"Okay, okay," he whispered.

Stacy stepped aside. "Well, all right then. I'll stay quiet as a mouse. I'll give you five minutes."

Ted shook his head, then cracked open the door.

"Hello, Ted."

His heart skipped a beat. Meg?

"I can't stay mad."

His body seized up, his jaw tightened. "This isn't a good time."

Meg's head bobbed side to side, trying to look beyond him.

"Don't be silly," she said, and pushed the door against him, throwing him off balance.

The first person Meg seemed to notice was Jennie, standing by the wall. Meg smiled. "Oh, you have company."

Ted jumped in front of his sister, trying to block any further view. "Yes. Listen, I'll call you later. We'll go out to dinner."

"Dinner? Well, sure, but – "

Ted's maneuvering wasn't enough.

"What the –"

"Hello, Meg," said Stacy.

His sister's face transformed, got hard and pale like set concrete.

Stacy looked Meg up and down. "What? Never seen a naked woman before? No, I suppose not."

—Ted, ¿que está sucediendo aquí? —dijo Meg.

Stacy sonrió. —Vamos a tener un trío. ¿Quieres unírtenos?

Ted sacudió la cabeza. —Stacy, cállate.

Enrojecida, Jennie dijo: —Yo no estoy involucrada con nada de esto. Yo solo trabajo con Ted. Se ofreció para hacer un trabajo en mi casa. He venido a recogerlo.

Meg se volvió a Ted. —Ted, ¿cómo puedes esperar que esta pobre chica este aquí y sea testigo de esta. . . desnudez? Señor mío.

—Tienes razón, Meg —dijo Ted a su hermana—. Vete a casa, y yo iré con Jennie a su casa. Stacy se quedará aquí.

Stacy le dio a Ted una sonrisa de gato. —¿No olvidas algo?

¡Los papeles del divorcio! Ahora no sería el momento ni el lugar. No con Meg rondando, no con sus grandes planes de vivir juntos. Él acorraló a ambas Jennie y Meg hacia la puerta. —Las veo a las dos abajo. Necesito un par de minutos con Stacy.

De repente, Meg se puso inmovible. Se volvió hacia Stacy. —Sé por qué estás aquí.

Stacy dio un paso atrás.

Meg miró a su hermano. —Ella quiere el divorcio, ¿no?

La mirada de Ted corrió entre las dos mujeres. ¿Cómo lo supo Meg?

"Ted, what's going on here?" Meg said.

Stacy grinned. "We're having a threesome. Wanna join us?"

Ted shook his head. "Stacy, shut up."

Crimson, Jennie said, "I'm not involved with any of this. I just work with Ted. He offered to do some work at my house. I came to pick him up."

Meg turned to Ted. "Ted, how can you expect this poor girl to stand here and be a witness to this . . . nakedness. My Lord."

"You're right, Meg." Ted said to his sister. "Go home, and I'll go with Jennie to her house. Stacy will stay here."

Stacy gave Ted a little cat smile. "Aren't you forgetting something?"

Divorce papers! Now wouldn't be the time or place. Not with Meg hovering, not with her grand plans of living together. He corralled both Jennie and Meg toward the door. "I'll meet you two downstairs. I need a couple of minutes with Stacy."

Suddenly, Meg became immovable. She turned toward Stacy. "I know why you're here."

Stacy stepped back.

Meg looked at her brother. "She wants a divorce, doesn't she?"

Ted's glance ran between the two women. How did Meg know?

—¡Ja! Lo sabía. —Meg señaló con el dedo—. Pequeña perra mañosa.

Stacy se estiró por una toalla. —No tengo por qué escuchar esto.

Meg se rio. —Un poco tarde para cubrirte, ¿no?

—Ted, saca a tu perdedora hermana de aquí.

—Meg, ¿cómo sabes que Stacy quiere el divorcio?

Meg miró a Stacy. —Díselo tú.

Stacy se cruzó de brazos.

—Cobarde —Meg se volvió a Ted—. ¿Sabes por qué está desnuda? Nunca lleva ropa. Ella es una desnudista. Venus Luv. Haciendo una pequeña fortuna. La encontré en la red. Tiene un sitio web.

—¿Qué?

—Yo la rastree.

—¿Por qué?

—Ted, si tú no ibas a pedir el divorcio, tal vez ella lo haría. Ahora no te enojes, pero yo le envié un correo electrónico.

—¿Qué?

—Yo le dije que estabas enfermo y necesitabas una gran cantidad de tratamientos, tratamientos costosos, que ella tendría que pagar. El deber de una esposa.

Ted cayó a la cama. —Stacy, es por eso que tú . . . y yo?

Stacy se encogió de hombros. —Soy un ángel de misericordia.

"Ha! I knew it." Meg pointed her finger. "Conniving little bitch."

Stacy reached for a towel. "I don't have to listen to this."

Meg laughed. "A little late for covering up, isn't it?"

"Ted, get your loser sister out of here."

"Meg, how do you know Stacy wants a divorce?"

Meg glared at Stacy. "You tell him."

Stacy folded her arms.

"Coward." Meg turned to Ted. "You know why she's naked? Never wears clothes. She's a stripper. Venus Luv. Making a small fortune. Found her on the net. She's got a website."

"What?"

"Tracked her down."

"Why?"

"Ted, if you weren't going to get a divorce, maybe she would. Now don't get mad, but I emailed her."

"You what?"

"I told her you were sick and needed a lot of treatments, expensive treatments, that she'd have to pay for. A wifely duty."

Ted dropped to the bed. "Stacy, is that why you . . . me?"

Stacy shrugged. "I'm an angel of mercy."

Ted resopló. Sexo por lástima. Eso es todo lo que era. Qué buena broma, Stacy no sino él.

—¿Alguien tiene una pluma?

Diez minutos más tarde, Meg y Stacy desaparecieron y Jennie estaba esperando en el coche.

Ted se deslizó en el asiento delantero. —Lamento que hayas tenido que ver eso.

Jennie sonrió. —Ted, me habría arrastrado a las brasas para conseguir que repararan ese maldito drenaje.

Ted se rio. Jennie seguía siendo oro líquido. Insertando el cinturón de seguridad, entonces pensó en su hermana. Él invitaría las galletas chiclosas la próxima vez.

Ted snorted. Pity sex. That's all it was. What a joke, not Stacy, but him. "Anyone got a pen?"

Ten minutes later, Meg and Stacy were gone and Jennie was waiting in the car.

Ted slipped into the front seat. "Sorry you had to see that."

Jennie smiled. "Ted, I would have crawled over hot coals to get that darn drain fixed."

Ted laughed. Jennie was still liquid sunshine. Clipping on the seatbelt, he then thought of his sister. He'd get the chewy cookies next time.

Swing

Con una toalla a la cintura, T.J. abre la puerta del baño de la habitación del motel, sale y gira hacia el espejo. —¿No te vas a levantar? —dice al aire a su alrededor.

Veo la parte posterior de él, sus anchos hombros, torso estrecho. El ligero brillo de la humedad brilla entre sus omóplatos afilados que se levantan y ondulan bajo su piel. Levanta un brazo y pasa los dedos por su cabello color arena, teñido con gris. En su imagen reflejada, él saca la barbilla y vuelve su rostro lentamente, pasando sus dedos a lo largo de su tensa línea mandibular. Él se auto evalúa con los ojos entornados, con sueño, que recuerdan vagamente a James Dean, puro extremo y adolescencia.

Desde el espejo, el me da una mirada seca, poco inspiradora. —¿Te tomarás la tarde libre?

—No —le digo. Tengo otros diez minutos. Llegué aquí tarde, ¿recuerdas?

Él asiente con la cabeza, camina alrededor de la cama y recoge su ropa, sacando calcetines, ropa interior. A continuación, camina a la silla, y deja caer la toalla. La parte posterior de su cuerpo delgado y largo es expuesta: sólido, compacto. Él se inclina y desliza hacia arriba sus calzoncillos.

Mi punto de interés se desvía hacia el papel tapiz que se encuentra enmohecido y despegándose de las paredes. ¿Podría alguien estarnos espiando a través de un agujero en la pared? Dicen que así pasa.

With a towel around his waist, T.J. opens the bathroom door of the motel room, walks out and pivots to the mirror. "Aren't you getting up?" he says to the air around him.

I see the back of him, his wide shoulders, narrow torso. The slight sheen of wetness glistens between his sharp shoulder blades that rise and ripple under his skin. He lifts an arm and runs his fingers through his sandy-colored hair, tweeded with gray. In his reflected image, he juts out his chin and turns his face slowly, passing his fingers along his taut jaw line. He appraises himself with hooded, sleepy eyes, vaguely reminiscent of James Dean, all edge and adolescence.

From the mirror, he gives me a dry, uninspiring glance. "You taking the afternoon off?"

"No," I say. "I got another ten minutes. Got here late, remember?"

He nods, steps around the bed and collects his clothes, bobbing for socks, underwear. He then walks to the chair, and lets the towel fall. The back of his long lean body is exposed: solid, compact. He bends over and slips up his boxers.

My point of interest strays to the flocked wallpaper that's mildewed and curling from the walls. Could someone be spying on us from a hole in the wall? They say it happens.

Entrecierro los ojos y busco un ennegrecido lente discretamente colocado detrás de las numerosas manchas (¿moho, sangre?) que podrían estar albergando la cámara espía de Tom, y su indiscretos, irises penetrantes. Me quedo muy quieta y escucho por una cámara de vídeo, su gemido y zumbido. Pero no hay ninguno.

Debemos parecer una pareja de casados (y, por supuesto que lo somos, pero no el uno al otro) a quienquiera que este mirando de reojo detrás de la pared ya que tenemos la costumbre de tener sexo bajo las sábanas. No hay oportunidad para una sesión de fotos aquí. No significa que siempre fue así. Tuvimos nuestros momentos cómodamente instalados en su oficina cuando él me llamaba justo antes de cerrar.

¿Podrías tomar una breve carta?—Claro —yo había dicho, sentada con la espalda recta, las piernas cruzadas, con una libreta y un lápiz apoyado sobre una rodilla, mi oído profundamente en sintonía con los sonidos de una oficina vacía: el golpe de cajones, los clics y el zumbido cesante de las computadoras, fotocopiadoras al ser apagadas para la noche.

Nos quedábamos sentados, sin decir una palabra mientras la gente revoloteaba cerca, con un ocasional —Nos vemos mañana, —Que tengan una buena noche. Sus ojos húmedos se clavaban en mí a medida que los despedía con la mano.

I squint and look for a discreetly-placed blackened lens behind the many spots (mold, blood?) that could be harboring the peeping Tom's camera, and his prying, darting irises. I lie very still and listen for a video camera, its groan and whir. But there is none.

We must seem like a married couple (and we are of course, just not to each other) to whoever is leering behind the wall since we have the habit of having sex under the covers. No photo-shoot opportunity here. Not that it was always like this. We had our moments ensconced in his office when he'd call me in just before closing.

Could I take a short letter? "Sure," I had said, sitting up straight, legs crossed, with a pad and pencil propped on one knee, my ear keenly attuned to the sounds of an emptying office: the slam of drawers, the clicks and ceasing drone of computers, copy machines being turned off for the night.

We'd stay seated, not saying a word as people flitted by, with an occasional "See you tomorrow", "Have a nice evening". His staring watery eyes bored into me as he waved them off.

En unos momentos, los haces de luz de los faros de los coches saliendo del estacionamiento se arqueaban a través del cuarto. —¿Luz en tus ojos? —diría retóricamente mientras se volvía y cerraba las persianas. Luego él levantaría, caminaría alrededor de su escritorio y en silencio cerraría la puerta. El clic de la cerradura hizo eco ruidosamente en la vacía y silenciosa oficina, ofreciendo el estímulo a mi respuesta Pavloviana. Falta de aliento y gemidos pronto seguirían.

Él ahora pregunta. —¿Hiciste los arreglos para el hotel en Chicago la semana que viene?

—Sí. El Sheraton.

Se sienta, se sube un calcetín, introduce un dedo del pie, y lo jala hasta su rodilla en un movimiento fluido.

Wes, mi marido, se viste de manera diferente, no sólo lo que usa, sino en el orden en que él se lo pone: primero los pantalones de mezclilla, calcetines después. Pero esto no debería ser sorprendente, todos tenemos nuestra manera de hacer las cosas.

T.J. gime. —No puedo creer que tenga que pasar todo un sábado con ese idiota de R y D.

—Oh, el gran Dick no es tan malo. Sólo asegúrate que este alimentado.

—Es fácil para ti decirlo.

—¿Qué quieres decir? —digo con un poco de resistencia.

Within moments, beams of headlights from cars exiting the parking lot would arc across the room. "Light in your eyes?" he'd say rhetorically as he turned and drew the blinds. He'd then get up, walk around his desk and quietly close the door. The click of the latch echoed loudly in the cleared silent office, providing the stimulus to my Pavlovian response. Breathlessness and moans would quickly follow.

He now asks. "Did you make arrangements for the hotel in Chicago next week?"

"Yeah. The Sheraton."

He sits, rolls up one sock, inserts his toe, and pulls it to his knee in one fluid motion.

Wes, my husband, dresses differently, not only what he wears, but in the order he puts them on: jeans first, socks afterward. But this shouldn't be surprising, we all have our way of doing things.

T.J. groans. "I can't believe I have to spend an entire Saturday with that idiot from R & D."

"Oh, big Dick's not so bad. Just make sure he's fed."

"Easy for you to say."

"What do you mean?" I say with some resistance.

T.J. se sienta, sus rodillas sobresalen a los lados. —El tipo es un baboso. No puede hacer nada por sí mismo. Imbécil pedante. No sabes la mitad de ello. Me manda por el café, como si yo fuera un sirviente. Carajo, yo soy el que hace todos los tratos. Él solo esta ahí por soporte, para responder a las preguntas más raras. Soy yo el que consigue que firmen.

La compañía para la que trabajamos vende postres comestibles hechos de productos químicos y subproductos vegetales oscuros. Hemos conquistado el mercado y atendemos a aquellos individuos que no pueden tolerar la leche o el trigo o los huevos que son, como demuestran algunos estudios, el 70 por ciento de la población mundial. Y eso es un montón de gente, sin mencionar un montón de pastelillos.

Levanto la cabeza, golpeo la almohada y me recuesto de nuevo

T.J. sacude la cabeza. —Vas a llegar tarde.

—Cúbreme —le digo, la mitad para ver su reacción, poner a prueba su lealtad, después de todo ¿no es eso lo que los amantes se supone que hacen?

—Estás por tu cuenta. Tengo una reunión a las tres en Batavia. No volveré a la oficina.

Escaneo su relajado rostro suave. ¿Podría estar mintiendo? Por supuesto que podría. Es lo que sucede entre nosotros: las mentiras, secretos, invenciones de donde estamos, con quién estamos, qué estamos haciendo.

T.J. sits back, his knees jut out to the sides. "The guy's a slug. Can't do anything for himself. Pompous ass. You don't know the half of it. Such a big shot. Sends me to get the coffee, like I'm some gopher. Hell, I'm the one making all the deals. He's just there for backup, to answer the odd question. It's me that gets them to sign up."

The company we work for sells edible desserts made from chemicals and obscure vegetable byproducts. We've cornered the market and cater to those individuals who can't tolerate milk or wheat or eggs which are, as some studies show, 70 percent of the world population. And that's a lot of people, not to mention a lot of eclairs.

I lift my head, punch the pillow and settle back in.

T.J. shakes his head. "You're going to be late."

"Cover for me," I tell him, half wanting to see his reaction, test his loyalty; after all isn't that what lovers are supposed to do?

"You're on your own. Got a meeting at three in Batavia. Won't be going back to the office."

I scan his smooth relaxed face. Could he be lying? Of course he could. It's what goes on between us: lies, secrets, fabrications of where we are, who we're with, what we're doing.

Pero no es eso parte de la emoción, pararse en terreno inseguro, sin saber.

Esto es lo que yo sé. Él ha estado casado durante trece años con una alta, angulada, falsamente rubia mujer llamada Maureen, que trabaja en un banco y usa trajes varoniles y quién, al llamar a la oficina deja breves mensajes lacónicos, rara vez solicitando hablar con su marido directamente .

El ama a su esposa, por lo que dice, es sólo que ella no lo entiende. He interpretado que esto significa ciertas cosas en los jeroglíficos del habla de los hombres, en concreto que no se mueve de la manera que a él le gustaría que se moviera, lo cual probablemente implica algunas aberraciones a la norma, es decir, cualquier acto sexual que no sea procreativo en forma, función o diseño.

En cualquier caso, él ama a su esposa, como yo amo a mi esposo.

¿Cómo resumir a Wes? Típico americano, diría yo. Preocupado por el césped, tener un coche impecable y checando el canal del tiempo en cada clic del control remoto. No es que haya nada malo en ello, pero seamos sinceros, es una batalla sin fin, algo que nunca puedes obtener, algo que no esta muy resuelto.

T.J. cuidadosamente juzga los extremos de su corbata. El nudo ideal sale mejor cuando un cabo suelto es medido con la longitud de las puntas de sus dedos. Él hace un ajuste. —¿Cómo se ve?

—Un poco más largo —le digo.

But isn't that part of the excitement, standing on uncertain ground, not knowing.

This is what I do know. He's been married for thirteen years to a rather tall, angular, unnaturally blond-haired woman named Maureen who works in a bank and wears severe manlike suits and who, when calling the office leaves brief laconic messages, rarely requesting to speak to her husband directly.

He loves his wife, so he says, it's just that she doesn't understand him. I've interpreted this to mean certain things in the hieroglyphics of man-speak; specifically that she doesn't perform the way he'd like her to perform, which most likely involves some aberrations from the norm, that is to say any sexual act that is not procreative by form, function or design.

In any event he loves his wife, as I love my husband.

How to sum up Wes? All American, I'd say. Preoccupied with the lawn, having a spotless car and checking the weather channel at every click of the remote. Not that there's anything wrong with that, but let's face it, it's a never-ending battle; something you can never get your arms around; something that is never quite resolved.

T.J. carefully judges the ends of his tie. The ideal knot comes out the best when one loose end is measured to the length of his fingertips. He makes an adjustment. "How's this look?"

"A little longer," I say.

Si Wes usara corbatas, el las anudaría a su manera y no me estaría pidiendo instrucciones. Me gusta que T.J. me consulte. Aunque tengo que decir que, si lo hiciera con la suficiente frecuencia, probablemente querría que averiguara las cosas por sí mismo.

Él se desliza el nudo hacia su cuello.

—Entonces, ¿quieres que nos veamos la próxima semana?

¿Debería? Sonrío vagamente. Su tentatividad me hace pensar. ¿Cuándo se acaban las aventuras amorosas? ¿Y cómo? ¿Se supone que deben terminar con acusaciones, azotando puertas, o simplemente secarse, como un arroyo de poca profundidad en verano?

—¿El miércoles? ¿Mismo lugar, misma hora? —Yo pregunto.

Alcanza su chaqueta. —Por supuesto.

—Tendré que revisar mi agenda.

Una mirada perpleja nubla su relajado, poco complejo, rostro. —¿Tu horario? ¿Qué hay que checar? Tienes una hora de almuerzo.

Lejanamente, nuestros ojos hacen contacto a través del espejo.

Se rasca la parte de atrás de su cuello. —Bueno, si así es como quieres dejarlo.

Mi mente divaga en la fría indiferencia. Estoy tambaleándome sobre una cuerda floja en medio de la nada con un solo lugar a donde ir y está hacia abajo cincuenta pies.

If Wes wore ties, he'd knot them his own way and wouldn't be asking me for directions. I like that T.J. consults me. Although I have to say, if he did it often enough, I'd probably want him to figure things out for himself.

He slips the knot to his neck. "So do you want to meet next week?"

Do I? I smile vaguely. His tentativeness makes me think. When do affairs end? And how? Are they supposed to go out with accusations, slamming doors; or simply dry up, like a shallow creek bed in late summer?

"On Wednesday? Same place, same time?" I ask.

He reaches for his jacket. "Of course."

"I'll have to check my schedule."

A perplexing look clouds his uncomplicated face. "Your schedule? What's to check? You get an hour lunch."

Distantly, our eyes make contact through the mirror.

He scratches the back of his neck. "Well, if that's how you want to leave it."

My mind wanders in cool detachment. I'm wavering on a high wire in the middle of nowhere with only one place to go, and it's down fifty feet.

La puerta del motel se cierra de golpe, dejándome sola y con frío. Dos hombres, tanto lujo. Pero no tengo a dos hombres, no enteros, así es. La mayoría son sólo piezas de repuesto y accesorios, intercambiados, instalados, para satisfacer ciertas necesidades, básicas y viceversa.

¿Qué parte de repuesto traigo a la ecuación? Miro el techo brilloso y me pregunto ¿Brillantina, polvo de hadas?

The motel door slams shut, leaving me alone and chilled. Two men, such luxury. But I don't have two men, not whole ones, that is. They're mostly just pieces, spare parts, exchanged, fitted, to meet certain needs, basic and otherwise.

What spare part do I bring to the equation? I look at the sparkled ceiling and wonder. Glitter, fairy dust?

Cha Cha

Detrás del profesor, en lo alto y sobre el pizarrón verde polvoriento, se encuentra un reloj que tiene la desconcertante costumbre de sacudir el tablero de un minuto a otro. La estudiante considera ese vacío, el espacio en blanco entre los marcadores, y escucha, eliminando los sonidos de los pies arrastrando y la tos. Clavado en el reloj, ella cuenta los segundos - un Mississippi, dos Mississippi - anticipándose al otro segmento de tiempo, absorbido por la eternidad, pasará. De repente, ella es golpeada por su propio aburrimiento criminal. ¿Cuál es el punto de tal despilfarro? Ella laza su mirada a lo lejos y parpadea en el profesor de filosofía, un hombre grueso por la mitad, con lentes de marco negro. Los labios de él se mueven. — Para entender el imperativo categórico de Kant. . . —y la frase se disuelve en el argot. Su mente da paso a otras profundidades: ¿Cómo será en la cama? Y, ¿sus predilecciones complementarían las de ella?

Él tiene la costumbre de caminar por la habitación, hablando con el aire delante de él, agitando los brazos en ocasiones. Él está en su propio mundo, el mundo de la ética, la justicia y los hombres muertos. Se detiene, se enfrenta a la clase y hace un punto enfático —la moralidad debe ser racional—. Ella bosqueja sus palabras en un bloc de notas para referencia en el futuro cercano.

Behind the professor, up high and over the powdery green board, is a clock that has the unnerving habit of jerking from one minute dash to another. The student considers that void, the white space between the markers, and listens, cutting out the sounds of shuffling feet and coughs. Riveted to the clock, she counts off seconds – one Mississippi, two Mississippi – anticipating when another segment of time, swallowed up by eternity, will pass. Suddenly, she is struck by her own criminal boredom. What's the point of such wastefulness? She pulls her gaze away and blinks at the philosophy professor, a man thick around the middle with black-frame glasses. His lips are moving. "To understand Kant's Categorical Imperative . . ." And the sentence dissolves into jargon. Her mind segues to other profundities – What he's like in bed? And would his predilections complement her own?

He has the habit of striding across the room, talking to the air in front of him, flailing his arms on occasion. He's in his own world, the world of ethics and righteousness and dead men. He stops, faces the class and makes an emphatic point – "morality must be rational." She scribbles his words into a notebook for short-term future reference.

El valor de tal oscura sabiduría sólo dura un semestre, cuando puede ser regurgitado en un examen o ensayo y luego debidamente olvidado. Ella mira hacia arriba.

Él ajusta sus lentes, un rasgo idiosincrásico, entonces sigue el camino que ha usado microscópicamente en el linóleo. Ella imagina el puente de la nariz de él, es de color rojo y permanentemente marcado por el roce constante de plástico contra carne.

—La universalidad se debe aplicar en la teoría kantiana de la ética. Hacer lo que hacemos, no como yo lo hago, si tú quieres.

Las palabras de él no tienen sentido, tan alejado de su realidad. Sin embargo, su pasión por el tema es entrañable. Sin ello nada sería inventado o curado; ninguna montaña escalada, ninguna piedra sin remover. Sin embargo, lo que impulsa a la pasión puede frustrar otras sensibilidades. Sus pantalones tienen cierto brillo, como si él los hubiera usado por demasiado tiempo y con regularidad. Sus zapatos son especialmente preocupantes. Son zapatillas de ninguna marca en particular, probablemente compuestos de un material sintético que alberga olor de los pies causado por bacterias que se multiplican con alegría, tal vez espirilos, con cola y energéticas. Ella prefiere no detenerse en esto. Ella escucha.

—Para tu asignación, toma cualquiera de los Diez Mandamientos, aplica el Imperativo Categórico de Kant y discute un caso para su validación. ¿Alguna pregunta?

The value of such obscure wisdom only lasts a semester when it can be regurgitated on an exam or paper then duly forgotten. She looks back up.

He adjusts his glasses, an idiosyncratic trait, then continues the path he has microscopically worn in the linoleum. She imagines the bridge of his nose is red and permanently marked from the constant rubbing of plastic against flesh.

"Universality must be applied in Kant's theory of ethics. Do as we do, not do as I do, if you will."

His words are meaningless, so removed from her reality. Still, his passion for the topic is endearing. Passion in any form, she has decided, is admirable. Without it nothing would be invented or cured; no mountain climbed, no stone left unturned. Still, what drives passion may thwart other sensibilities. His pants have a sheen to them, as if he has worn them too long and regularly. His shoes are especially troubling. They are sneakers of no particular brand, most likely comprised of synthetic material that harbors foot odor caused by happily multiplying bacteria, perhaps spirilla, tailed and energetic. She'd rather not dwell on this. She listens.

"For your assignment, take any one of the Ten Commandments, apply Kant's Categorical Imperative and argue a case for validation. Any questions?"

Él mira dentro del pozo de la clase y, por primera vez, su mirada se vuelve personal. En el más breve de los momentos, se conectan. La cara de cada uno es de alguna manera tomada por los nervios ópticos de él y ella brillaron al revés, entonces se invierte hasta que cada cerebro tenga una imagen. Y, sorprendentemente, con esta imagen, las neuronas cruzan la línea divisoria y una explosión de clases comienza. De repente, ella se calienta. Las feromonas son liberadas y una esquina es girada. La desnudez de él es imaginada. Ella sospecha, y más movediza de lo que está acostumbrada. Sin embargo, puede haber algún capricho algún rasgo extraño que ella será capaz de enfocar, que alimentará el estado pre-orgásmico, el creciente crescendo de calor y punto de no retorno. Pero, ¿qué? Su olor, tal vez el toque de colonia, algo alimonado que pronto se evapora como sus corazones que laten a lo lejos, mientras que sus impulsos toman vida propia.

El observa la clase en busca de manos. Ninguna está levantada.

Entonces ella se pregunta - ¿es él un amante con los ojos abiertos o prefiere mantener sus ojos cerrados? Mentalmente, ella le quita los lentes. Nada está más desnudo que una persona sin sus lentes. Sus cejas son espesas. Tanto así, ella puede notar. Pero ¿Son sus ojos saltones o una avellana moteada que cambia de color? ¿Eso importa? Ella continua.

He looks into the well of the class and, for the first time, his glance becomes personal. In the briefest of moments, they connect. Each other's face is somehow taken in by his and her optic nerves, flashed upside down, then inverted until each brain has an image. And, remarkably, with this image neurons cross the great divide and an explosion of sorts begins. Suddenly she feels heated. Pheromones are released and a corner is turned. His nakedness is imagined. Doughy, she suspects, and more jiggly than she's used to. Still, there may be some quirk, some odd trait that she'll be able to focus on, that will feed the pre-orgasmic state, the growing crescendo of heat and point of no return. But what? His smell, perhaps the hint of cologne, something lemony that soon evaporates as their hearts pound away, as their thrusts take on a life of their own.

He scans the class for any hands. None are being raised.

She then wonders – is he an open-eyed lover or does he prefer to keep his eyes closed? Mentally, she removes his glasses. Nothing is more naked than a person without their glasses. His eyebrows are bushy. That much she can tell. But are his eyes beady or a speckled hazel that changes color? Does it matter? She moves on.

No hay ningún signo revelador de un órgano sexual, ningún ligero abultamiento o espesor a un lado. Al parecer, se encuentra bien escondido, enterrado en capas de material que se han cerrado y abotonado. O quizás es retraido y minúsculo. Su mirada cae hasta sus pies. Si, quizá eso. Aun hay esperanza. Puede que sea el tipo de hombre, que, al darse cuenta de sus limitaciones se esfuerza más, que entiende los matices - él susurro la contracción, el punto oculto y el descubierto. Los intelectuales son así, llenos de curiosidad desenfrenada y experimentación. Puede que exista potencial aquí.

—Muy bien —dice él. Nos vemos el viernes. —Y los cuadernos se cierran de golpe.

~~~

El profesor vive en un cuarto rentado donde cuando no está traduciendo pasajes oscuros de Hegel se encuentra navegando por sitios web de DVD baratos que se pueden entregar en envoltorios de color marrón. Intermitente entre las páginas errantes de su disertación se encuentra "Girls Gone Wild", volúmenes Uno al infinito. La filosofía y el sexo son las dos fuerzas impulsoras en su vida y él diría, el entrelazamiento de las raíces de un movimiento histórico. El caso en cuestión, podrá tomar cualquier guerra, o la época de la Ilustración. ¿Quién puede negar o refutar que la causa seminal de ambas es la esclavitud respectiva (la guerra) o la libertad (invención) de la sexualidad y el pensamiento?

There's no telltale sign of any sexual organ, no slight bulge or thickness off to the side. Apparently, it's neatly tucked away, buried in layers of material that have been zipped and buttoned. Or maybe it's retracted and minuscule. Her gaze drops to his feet. Yes, maybe so. Still, there's hope. He may be the kind of man, who, realizing his limitations, tries harder, who understands nuance – the whisper, the squeeze, the spot both hidden and not. Intellectuals are like that, full of rampant curiosity and experimentation. There may be potential here.

"Very well," he says. "See you on Friday." And notebooks are slammed shut.

~~~

The professor lives in a rented room where, when he's not translating obscure Hegelian passages, he surfs websites for cheap DVDs that can be delivered in plain brown wrappers. Intermittent among errant pages of his dissertation are Girls Gone Wild, Volumes One through ad infinitum. Philosophy and sex are the two driving forces in his life and, he would argue, the entwining roots of any great historical movement. Case in point, take any war for instance, or the Age of Enlightenment. Who can deny or refute that the seminal cause of either is the respective enslavement (war) or freedom (invention) of sexuality and thought?

Y por esta razón él se considera un hombre total, un hombre varonil que se acerca a la vida con el intelecto vigoroso y un acérrimo apetito por el sexo, con o sin pareja.

La mujer en la segunda fila parece interesada. Él sabe los signos - la mirada sin pestañear, el guiño sutil para que él continúe. Para probar las aguas él camina hacia la ventana. Si sus ojos todavía están en él, puede haber una oportunidad incipiente tanto para explicar la fenomenología y abofetear a su parte trasera, hacerla gemir.

Es la belleza de su trabajo - bromas amistosas con sus colegas en el sentido de la vida durante el día, excursiones sexuales en las horas de la tarde con estudiantes que quieren una historia que contar cuando regresen a casa para las vacaciones - una historia, él está bastante seguro acerca de un filósofo ardiente que les fascina.

Se voltea, y sí, la joven se mantiene intrigada. Su toma de notas se detuvo de repente y no importa donde el pise, sus ojos lo siguen. Él evalúa.

Ella no es poco atractivo, aunque él las prefiere rubias, las que tienen pechos de melón que jalan los botones y tienen problemas para ser contenidos, pechos que se mantienen plenos y alegres sin importar la posición que en ella esté, los pechos que responden a cada uno de sus pellizcos y mordisqueos.

Desafortunadamente, sin embargo, esta mujer está sentada y, por supuesto, vestida.

And for this reason, he considers himself a total man, a manly man, who approaches life with both vigorous intellect and a staunch appetite for sex, with or without a partner.

The woman in the second row seems interested. He knows the signs – the unblinking stare, the subtle nod for him to continue. To test the waters, he walks to the window. If her eyes are still on him, there may be a budding opportunity to both explain Phenomenology and slap her rear, make her moan.

It is the beauty of his job – friendly banter with colleagues on the meaning of life during the day, sexual excursions in the evening hours with female students who want a story to tell when they return home for the holidays – a story, he is fairly certain, about a smoldering philosopher who rocks their world.

He turns, and yes, the young woman remains intrigued. Her note-taking has suddenly stopped and no matter where he steps, her eyes follow. He assesses.

She is not unattractive, although he prefers blondes, ones with cantaloupe breasts that pull at buttons and have trouble being contained; breasts that stay full and perky no matter what position she's in, breasts that respond to his every tweak and nibble.

Unfortunately, however, this woman is seated, and of course, clothed.

Lo que se esconde debajo de la camiseta sigue siendo un misterio, pero los misterios están destinados a ser probados, saboreados, resueltos y él siempre está preparado para los retos. Eso no quiere decir que no hay un obstáculo recurrente, una complicación de la ética, especialmente si sus encantos se pueden promediar en su calificación como crédito adicional. En el pasado, este ha sido un problema y él se ha sentido más bien utilizado. Así que juega por dos reglas explícitas que deben ser de mutuo acuerdo antes de que los fluidos corporales sean intercambiados - ninguna de las partes puede menospreciar la fé de una persona o su peso. Todo lo demás, incluyendo la obtención de un 5 para el curso, es juego limpio.

Él no sabe su nombre y prefiere no saberlo. Hay algo en el anonimato que le excita, al igual que en los videos. Pocas palabras son intercambiadas se muestra algún tipo de vulnerabilidad y como por arte de magia la ropa cae. El movimiento. Él ha probado muchos, pero encuentra uno particularmente exitoso asumiendo que ella permanece al final de la clase y juega con su cuaderno. ¿Cómo algunas chicas pueden ser tan tímidas, y cómo pueden ser tan predecibles? La persecución es una curiosa mezcla de avance fingido y retirada, una danza, un cha cha cha. Su motor está en marcha.

What lurks beneath the .
mystery, but then mysteri
probed, savored, solved, an
for the challenge. That is not t
recurrent snag, a complication o
ically whether her charms can be
her grade as extra credit. In the p   ..ns has
been an issue and he's felt rather used. So he
plays by two explicit rules that must be mutual-
ly agreed upon before any bodily fluids are exchanged – neither party can be disparaging of a
person's belief or weight. Everything else, in-
cluding getting a D for the course, is fair game.

He doesn't know her name and would prefer not to, never to. There's something about
anonymity that excites him, like in the videos.
Few words are exchanged, some vulnerability
is shown, and magically clothes come off. The
move. He's tried many but finds one particularly successful assuming she lingers at the end of
class and fumbles with her notebook. How coy
some girls can be, and how so very predictable.
The chase is such a curious blend of feigned
advance and retreat, a dance, a cha cha cha. His
motor is running.

A las 10:50 am en el Salón Baldy en el campus universitario una colisión está a punto de llevarse a cabo. Las señales se interpretan mal. Las luces intermitentes se ignoran. No hay más remedio. Es la naturaleza de los campos magnéticos.

—Hola —el dice.

—Hola —ella responde.

At 10:50 a.m. in Baldy Hall on the university campus a collision is about to take place. Signals are misconstrued. Flashing lights are ignored. It can't be helped. It is the nature of magnetic fields.

"Hello," he says.

"Hi," she responds.

Samba

Si hablaras conmigo, me gustaría hablar de la ironía, la angustia ridícula en la que según tú te encuentras solo dentro. Yo también tengo sentimientos que no son del todo dulzura y luz, sentimientos más allá de esos medidos momentos fugaces, cuando estoy sumergida en el resplandor de la oscuridad con la que dices que amas.

¿Quién gana en las relaciones amorosas? Querido mío, nadie. Los cuerpos están esparcidos por todas partes, antes, durante y después. Siempre hay alguien enfocado por el lado movible del barril. Intercambiamos posiciones, tomamos la pistola, apuntamos y disparamos. Pero esa no es la peor parte. El verdadero dilema se encona en el interior de cada uno de nosotros, las dudas, los celos, las divagaciones a nosotros mismos cuando se manejamos. Seamos francos. Tres es un número impar imposible de equilibrar para cualquier longitud del tiempo. Aunque lo he intentado. En ocasiones. Sí, he hablado con bondad de ti, tomado tu lado, defendiendote. Sospecho que esto no es consolación. De hecho, estoy segura de que estás horrorizado y antipático con justa razón. Sólo sirve para demostrar la precaria situación en que estoy - maldita si lo hago, maldita si no lo hago. Sin embargo, debo seguir...

En un principio, tú no eras parte de la ecuación. Se trataba de otras cosas, las cosas corporales, y el apuro que los corazones palpitantes causan

If you were to speak with me, I'd talk about the irony, the laughable angst you're certain that you and you alone are in. I have feelings too that are not all sweetness and light, feelings well beyond those measured fleeting moments when I'm submerged in dusk glow with the one you say you love.

Who wins in love affairs? My dear, no one. Bodies are strewn everywhere, before, during and after. Someone is always targeted by the moving end of the barrel. We trade positions, hand off the gun, aim and shoot. But that's not the worst of it. The true dilemma festers inside each of us, the doubts, the jealousies, the ramblings to ourselves when driving. Let's be frank. Three's an odd number impossible to balance for any length of time. Although I've tried. On occasion. Yes, I have spoken kindly of you, taken your side, defended you. I suspect this is no consolation. In fact, I'm sure you are appalled and rightly unsympathetic. Just goes to show the precarious position I'm in – damned if I do, damned if I don't. Still, I must go on …

At first, you weren't part of the equation. It was about other things, bodily things, and the rush beating hearts cause,

que dieron la bienvenida a la locura, ese delicioso descenso en aguas profundas e inflamadas. Hablamos de nada. Nuestros cuerpos fueron los que hablaron. Y estoy siendo gentil. Cogimos duro, sin pensar. Así es, en el cuarto conyugal con tu escencia aun en el aire. (¿Quizás recuerdes una llamada temprano por la mañana, una voz de la oficina?) Tú habías pasado el teléfono. Después de colgar, tu querido corazón pidió un favor. Tú accediste y saliste corriendo a comprar flores. Fué entonces cuando me escabullí dentro de la casa. Fue entonces cuando la envoltura entre nosotros, tú y yo, comenzó a dividirse y se disolvió como celuloide viejo. Nosotros, tu amor y yo, estábamos de pie desnudos, actuando delante del aparador. Una película de nosotros mismos se reflejó. Cada embestida sacudió las lociones, maquillaje y principios de taza de café matutino. Fue entonces cuando vi tu foto metida en la esquina del espejo. Yo no había conocido, sospechado, considerado tus ojos oscuros hasta el momento en que los tentáculos tuyos se extendieron. Desafié tu mirada y actué. Fue delicioso contar con audiencia.

De cualquier modo, así fue mi primer recuerdo.

Un mes después, seguí a nuestro querido corazón. Permíteme decir que yo normalmente no floto. De hecho, atesoro mi tiempo a solas, sin compromisos, pero era un melancólico sábado lluvioso por la tarde, saturado con gris.

that welcomed madness, that delicious descent into deep swelling waters. We spoke of nothing. Our bodies did the talking. I'm being gentle here. We fucked hard, mindlessly. Yes, in the conjugal bedroom with your scent still in the air. (Perhaps you remember an early morning phone call, a voice from the office?) You had passed the phone over. After the hang-up, your dearest heart asked for a favor. You agreed and rushed out to buy flowers. That's when I snuck into the flat. That's when the sheath between us, you and me, began to split and dissolve like old celluloid. We, your honey and I, were standing naked, performing in front of the dresser. A movie of ourselves reflected back. I was leaning over at the time being taken from the back. Each thrust rattled the lotions, make-up and early morning coffee cup. That's when I saw your picture tucked into the corner of the mirror. I hadn't known, suspected, considered your dark eyes until that moment when the tentacles of you reached out. I challenged your gaze and performed. It was delicious to have an audience.

Anyway, such was my first recollection.

A month later I followed our dear heart. Let me say I don't normally hover. In fact I treasure the time I am alone, unencumbered, but it was a melancholic rainy Saturday afternoon, saturated with gray.

Ustedes dos se iban a encontrar en la cafetería de la tienda de libros donde solías trabajar. Antes del tiempo acordado, yo paseaba por ahí y me instalé en un sillón de respaldo alto, convenientemente localizado en la sección de poesía con una clara visibilidad de las mesas y sillas del bar.

Por supuesto mi interés estaba inicialmente centrado a nuestro amado y a esos gestos familiares que ambos conocemos bien: las cejas arqueadas, el barrido dramático del brazo, la simple, engañosa sonrisa. Naturalmente, mi atención se balanceaba hacia ti, no en competencia (Juego bajo mis propias reglas), pero con curiosidad separada: la bufanda alrededor de tu cuello, los mechones de cabello que se enrizaban hacia esos ojos. Accesorios. Y después me pregunte, ¿Que se sentiría remover tus prendas, y desnudarte totalmente?

Durante mi siguiente visita a la casa, me tome la libertad de entrar al armario de la habitación hasta el cajón más alto de la cómoda. Me encontraba en una excavación antropológica de las piezas del rompecabezas que forman el todo. Lo que encontré fueron: pantuflas de peluche, una receta de Prozac recientemente escrita (tres pastillas sobrantes), un paquete de M & M escondido al lado de ropa interior satinada, aún etiquetada ¿Mi conclusión? Esos ojos oscuros penetrantes guardaban algunas inseguridades.

You both were to meet in the bookstore café where you worked. Before the appointed time, I sauntered over and settled into a wing-back chair conveniently located in the poetry section with a clear view of the bistro tables and chairs.

Of course my interest was initially drawn to our honey and those familiar gestures we both know so well: the arched brow, the dramatic sweep of the arm, that easy, deceptive smile. Naturally, my attention swayed toward you, not in competition (I play by my own rules) but with detached curiosity: the scarf around your neck, the strands of hair that curled into those eyes. Props. And then I wondered, what would it be like to remove the dressings, to strip you down to your core?

During my next visit to the flat, I took some liberties and peered into the bedroom closet and top dresser drawer. I was on an anthropological dig for puzzle parts that make up the whole. What I found were: fuzzy slippers, a recently filled prescription of Prozac (three pills left), an M&M snack pack tucked beside satiny underwear, still tagged. My conclusion? Those penetrating dark eyes held some insecurities.

En las semanas siguientes, comencé a notar ciertas cosas en nuestro amado, defectos ocultos por dientes recién cepillados y una boca hambrienta. Mientras que todos tendemos a compartimentar, un rasgo necesario para la supervivencia, algunos comportamientos sugirieron un pensamiento preocupante: la comparación de las partes de mi cuerpo con las tuyas, la sonrisa entusiasta cuando me pare para irme, llamadas no regresadas. Lo cual me trae a este momento donde escribo, donde estas de pie a menos de diez pies de distancia, donde tu mirada fugaz, esos ojos oscuros se posan en mí, dejándome sin aliento. Querido mío, el cambio está en el aire. Nuestro amor esta por perdernos a ambos. Tú eres singularmente mío.

In the weeks that followed I began to notice certain things about our honey, shortcomings obscured by freshly brushed teeth and a hungry mouth. While we all tend to compartmentalize, a necessary trait for survival, some behaviors suggested a troubling undercurrent: the comparison of my body parts to yours, the enthusiastic smile when I got up to leave, phone calls not returned. Which brings me to this moment where I write, where you stand less than ten feet away, where your fleeting gaze, those dark eyes alight on me, taunting me breathless. My dear, change is in the air. Honey is about to lose us both. You are singularly mine.

Tango

Tengo que convencerlo con la palabra *pene* o la frase *forzando sus labios contra los de ella* para que usted siga leyendo, para que sus ojos naveguen a través de la página. Es mi trabajo mantener su atención. Confíe en mí, no es tan fácil. Las distracciones abundan. Usted está esperando a que suene el teléfono. A que la enfermera llame su nombre.

Es un juego que jugamos, pero sólo si usted está dispuesto. Yo, por supuesto, siempre estoy dispuesta. He estado practicando por un tiempo ya, lanzando palabras, oraciones, párrafos. Ejemplo de ello, ya he escrito algunas oraciones y, vagamente curioso(a), usted está leyendo todavía. Quizás me honre con un minuto de su tiempo y unas cuantas líneas más de texto. Eso me haría feliz. Y si lo hace, le daré una historia satisfactoria con un final que le haga sonreír. Garantizado.

Usted sonríe. Si claro. Sin embargo, mi arrogancia atrae. ¿Quién soy yo para saber lo que le hace sonreír? No tenemos ninguna relación. Pero no estoy de acuerdo. Estamos muy relacionados, ahí radica la razón por la cual las historias son escritas y leídas, contadas y escuchadas.

Antes de continuar, permítame decirle que soy una niña traviesa. Tal vez la palabra *traviesa* le atrae con insinuaciones sexuales, jugueteo. Y una *niña* traviesa, va un paso más allá del libertinaje. Puedo elegir cuidadosamente las palabras.

I must cajole you with the word *penis* or the phrase *forcing his lips against hers* so you'll keep reading, so your eyes will sail across the page. It's my job to hold your attention. Trust me, it's not that easy. Distractions abound. You're waiting for the phone to ring. The nurse to call out your name.

It's a game we play, but only if you're willing. I, of course, am always willing. I've been practicing awhile now, lobbing words, sentences, paragraphs. Case in point, I've already written a few sentences and you, vaguely curious, are still reading. Perhaps you'll grace me with another minute of your time and a few more lines of text. That would make me happy. And if you do, I'll give you a satisfying story with an ending that will make you smile. Guaranteed.

You smirk. Yeah right. Nevertheless, my hubris entices. Who am I to know what makes you smile? We are no relation. But I would disagree. We are very much related, for therein lies the reason why stories are written and read, told and listened to.

Continuing, let me say I'm a naughty girl. Perhaps the word *naughty* tantalizes you with sexual innuendo and playfulness. And a naughty *girl*, takes it one step further to licentiousness. I choose words carefully.

No me quiero tornar aburrida, predecible. Podría ser mi fin. En cualquier momento usted podría alcanzar el control remoto y encender el televisor.

Por lo tanto, yo digo que soy una niña traviesa. Y en una fracción de segundo su mente evoca imágenes fugaces: desnudez y la noche o fin de semana o mes anterior, cuando su amante, su esposo(a) estaba sobre usted, jadeando y golpeteando contra usted. Yo debería estar avergonzada por tales cosas. Yo fui criada pudorosamente por padres que asistían a la iglesia y un grupo de monjas que cubrían sus cuerpos con lana y algodón almidonado. Pero yo soy desvergonzada. Mantener su atención es todo para mí.

Sin embargo, las palabras no son suficientes. Conozco mis limitaciones. Un gancho brillante debe ser colgado.

Esta historia es sobre un hombre y una mujer, un jefe y una abeja obrera. Son de diferentes departamentos, diferentes estratos sociales, mundos diferentes. Él bebe martinis secos en el club de golf. Ella baila al ritmo de la música country entre sorbo y sorbo de Ron-Coca Light. Y, como usted debe sospechar, él es diez años mayor y casado.

Al igual que nosotros, su encuentro es casual, una cuestión de estar en el mismo lugar al mismo tiempo. Tenga en cuenta que no dije en el lugar equivocado en el momento equivocado.

I don't want to become boring, predictable. It could be my demise. At any moment you could reach for the remote and flip on the television.

So, I say I'm a naughty girl. And in a split second your mind conjures fleeting images: nakedness and last night or week-end or month when your lover, spouse was on top, panting and slapping against you. I should be embarrassed about such things. I was prudishly raised by church-going parents and a cadre of nuns who covered their bodies in wool and heavily starched cotton. But I am shameless. Holding your attention is everything to me.

However, words are hardly enough. I know my limitations. A shiny hook must be dangled.

This story is about a man and a woman, a boss and a worker bee. They are from different departments, different social strata, different worlds. He drinks dry Martinis and plays golf at the country club. She line dances to country music between sips of diet Coke and rum. And, as you may suspect, he is ten years older and married.

Like us, their meeting is serendipitous, a matter of being in the same place at the same time. Please note I did not say at the wrong place at the wrong time.

Trato de no juzgar o ceder demasiado, demasiado pronto. Simplemente estamos aquí, mientras que ellos están ahí, de pie en la cafetería de la empresa pidiendo emparedados para llevar, específicamente de atún con pan integral. Se colocan tan cerca que es sorprendente, ya que no hay necesidad. Son casi las dos de la tarde y la cafetería se encuentra prácticamente vacía.

Imagínese dando un paso atrás y tomando una toma amplia de este comedor central ubicado en el ala este de la séptima planta. Una trabajadora de la cafetería se encuentra en proceso de limpieza. Ella rocía una mesa, hace una pasada rápida y luego sigue adelante. Ella es la única que hace ruido mientras se topa con las mesas y sillas ruidosas. Y desde este punto de vista usted es efectivamente alcanzado por la proximidad del hombre y la mujer que se encuentran esperando por emparedados. De hecho, si usted no supiera nada, asumiría que son compañeros de trabajo, amigos, o algo por el estilo. Una franja de espacio los separa, pero por poco. Están tan cerca, que podrían susurrar. Están tan cerca que podrían pasarse secretos de Estado. Están tan cerca que seguramente nada bueno pudiera derivar de ello.

Y de hecho, la primera cosa que él nota es la forma en que ella huele, un aroma muy limpio y fresco. De repente, él anhela lanzarse a su piscina, donde el agua clara, aparentemente azul, lava las insípidas llamadas telefónicas de la mañana

I try not to judge or give away too much too soon. Simply we are here while they are there, standing in the company cafeteria ordering sandwiches to go, specifically tuna fish on whole wheat. They are positioned rather close which is surprising since there's no need. It's almost two o'clock in the afternoon and the cafeteria is practically empty.

Imagine stepping back and taking a wide shot of this corporate lunchroom located in the east wing of the seventh floor. One cafeteria worker is on wipe-down duty. She sprays a tabletop, does a quick swipe then moves on. She is the only one making noise as she bumps along rattling tables and chairs. And from this vantage point you are indeed struck by the close proximity of the man and woman who are waiting for sandwiches. In fact, if you didn't know any better, you would assume they were co-workers, friends, or something on that continuum. A sliver of space separates them, but just barely. They are so close, they could whisper. They are so close they could pass state secrets. They are so close no good is sure to come of it.

And in fact, the first thing he notices is the way she smells, very fresh and clean. Suddenly, he longs to dive into his swimming pool, where the clear water, deceptively blue, washes away the morning's insipid phone calls

y las preguntas estúpidas que había tenido que responder con veracidad engañosa. Mira hacia la izquierda. Intenta tener una idea de ella con una mirada periférica. Él ve lo que busca-pechos volando hacia adelante, cómodamente instalados debajo de recubrimientos delgados de algodón y encaje, pechos que cuelgan pesadamente cuando se sueltan de sus ataduras, pechos con oscuros y arrugados pezones que él pueda chupar y morder. La mujer está desnuda en la piscina, pegada a él, lazando su cintura con sus piernas. El agua chapotea entre ellos, emitiendo leves sonidos. Sus pechos están flotantes, a veces tocándolo a él, a veces no. Y a medida que suben y bajan, el agua cristalina brilla...

Querido lector para que usted este mejor orientado por favor sepa que la mujer está sensiblemente vestida con una blusa blanca y falda color negro liso. Su atuendo está ceñido a la cintura con un cinturón ancho. Sus zapatos son de color rojo, con dedos puntiagudos y afilados tacones delgados. De esto, él se encuentra vagamente consciente. Desde el mundo real una voz se inmiscuye: —Pepinillo con su sándwich? —Él asiente con la cabeza, y luego alcanza su billetera.

La mujer observa sus manos mientras extrae los billetes con los dedos dentro del pliegue y sin previo aviso un sentimiento primario, básico y más allá de la razón, se genera.

and asinine questions he had to field with misleading truthfulness. He looks toward the left and tries to get a better sense of her from his peripheral vision. He sees what he seeks — breasts jetting forward, ensconced beneath thin sheaths of cotton and lace; breasts that hang heavy when loosened from their bonds, breasts with dark puckered tits that he can suck and bite. The woman is naked in the pool, attached to him, straddling his waist with her legs. Water swishes between them, making quiet lapping sounds. Her breasts are buoyant, sometimes touching him, sometimes not. And as they rise and fall, the crystalline water glistens...

Dear reader to be better oriented please know the woman is sensibly dressed in a white blouse and black straight skirt. Her outfit is cinched at the waist with a wide belt. Her shoes are red with pointed toes and sharp spindly heels. Of this, he is vaguely aware. From the real world a voice intrudes. "Pickle with your sandwich?" He nods, then reaches for his wallet.

The woman stares at his hands as he fingers the bills inside the fold and without warning a primal feeling, both basic and beyond reason, stirs.

Ella poco se da cuenta de cómo confluencias sutiles pero no probadas nos afectan a todos en un momento u otro.

Imagínenos a usted y a mí. En una concurrida calle caminando. Yo me dirijo en dirección norte, mientras que usted va hacia el sur. Somos desconocidos el uno del otro. Sin embargo, mis ojos se levantan de mirar el piso y lo encuentran a usted, moviéndose rápidamente con paso seguro. Y por cualquier razón usted gira la cabeza en mi dirección. Nuestras miradas se conectan de una manera extraordinaria e íntima hasta que, dentro del tiempo que tarda la luz en viajar, parpadeamos, nos desconectamos y continuamos, aparentemente sin haber sido tocados.

Yo creo que hay asuntos que no son totalmente comprendidos, sino insinuados por eventos. Tal vez ellos son causados por tirones gravitatorios de los planetas retrógrados o auras que sangran y después se mezclan convirtiéndose en colores en el rango ultravioleta detectados sólo por las aves. Todavía estoy tratando de averiguarlo. Sin embargo, lo que le atrae a él no es su aura. Eso se lo puedo asegurar. Sus manos son grandes, bronceadas y musculosas, manos que le recuerdan a otras que recorrían su pierna, viajaban a lo largo de su espalda, inmovilizaban sus muñecas.

Él saca un billete de cincuenta dólares y le dice a la cajera que él pagará todo, su comida y

Little does she realize how subtle yet unproven confluences affect us all at one time or another.

Consider you and me. On a busy street we walk. I am heading north, while you are going south. We are unknown to each other. Still, my eyes lift from watching the ground and find you, moving quickly with an assured gait. And for whatever reason you turn your head in my direction. Our glances connect in an extraordinary, intimate way until, within the time it takes for light to travel, we blink, disconnect and continue, seemingly untouched.

I believe there are matters not totally understood but insinuated by such events. Perhaps they are caused by gravitational pulls from retrograde planets or auras that bleed then blend becoming colors in the ultraviolet range sensed only by birds. I'm still trying to figure it out. However, what attracts her to him is not his aura. Of that I can assure. His hands are large and tan and muscular; hands reminiscent of others that ran up her leg, traveled along her back, pinned down her wrists.

He pulls out a fifty-dollar bill and calls out to the cashier that he'll pay for everything—his lunch and

la de la mujer también. Oh, sí, y quédese con el cambio. El dinero habla, sin tener que preocuparse. Una lección que aprendió de sus padres y los de ellos: el dinero es más que una comodidad. Siempre. Pero esa es otra historia.

Por favor sepa que él no les compra el almuerzo a las mujeres en el trabajo. De hecho, esta es la primera vez que lo ha hecho en su vida. Existen reglas de las cuales se habla en la sala de juntas, reglas entre los hombres de la compañía que tienen menos que ver con propiedad que con el salvar el pellejo de la compañía de demandas vergonzosas, reglas que hoy, en esta cafetería del séptimo piso-son obviadas por una razón imperiosa, la rigidez creciente entre su piernas causada por .... Él no puede estar seguro. ¿El olor de atún? ¿La destreza del manejo del cuchillo? ¿La fina piel del tomate que, resistente en un principio, se divide a la mitad rezumando jugo y semillas? El punto es, una vez que la velocidad se cambia, cautela sopla por el escape.

La mujer escucha su oferta. Sin embargo, la obertura palidece con el sonido de su voz, autoritativa y segura, de modo que a diferencia de la efusiva, ficticia y desesperada charla que se encuentra en las cuentas por cobrar-me encanta el vestido, me encantan los zapatos, gran corte de pelo. Una voz de hombre retumba. Una voz de hombre suena y rodea y la hace estremecer. A ella le gustaría escucharla de nuevo. Cierra sus ojos e

the woman's too. Oh yes, and keep the change. Money talks, without him having to bother. A lesson learned from his parents and theirs: cash is more than commodity. Always. But that's another story.

Please know, he doesn't buy lunch for women at work. In fact, this is the first time he's ever done so. There are rules talked about in the boardroom, rules between company men that have less to do with propriety than with saving their company's behind from embarrassing lawsuits, rules that today in this seventh-floor cafeteria are obviated due to an overriding, growing stiffness between his legs caused by....he can't be sure. The smell of tuna? The deftly handled knife? The thin skin of the tomato that, resistant at first, splits apart oozing juice and seeds? Point is, once the gear shifts, caution blows out the exhaust.

The woman hears his offer. But the overture pales to the sound of his voice, authoritative and assured; so unlike the effusive, fictitious, desperate chatter found in accounts receivable—love the dress, love the shoes, great haircut. A man's voice reverberates. A man's voice buffers and surrounds and draws her under. She'd like to hear it again. Close her eyes and

imagina *Quítatelo* en una voz grave. Hay excitación en lo servil. En cuestión de segundos liberan hormonas que causan una serie de eventos que le dejan la boca seca.

Y mientras ella trata de concentrarse en las palabras de él, él espera, inmóvil, alerta, en el borde. Todo es cuestión de la cacería y sus componentes: acechar, persecución, muerte, metafóricamente hablando, por supuesto. Él sostiene el billete de cincuenta dólares y espera algún reconocimiento de la mujer de los pechos. Incluso la cocinera se detiene y mira hacia arriba. Él está moviendo dinero en el aire, inseguro de su próximo movimiento. ¿Rehacer la oferta, más fuerte? ¿Pretender que las palabras nunca abandonaron su boca? Pero la salvación llega. Un agradecimiento se escucha, ella gira, y por primera vez están cara a cara.

Estimado lector piense que los acontecimientos diarios, cuando una nueva persona se ve de cerca. Tal vez usted está en la caja de una tienda ocupado con un deber que cumplir: la alineación de las latas, cajas, botellas, frascos, productos envueltos en plástico, hasta que la actividad exige el discurso. ¿Papel o plástico? Con lo cual usted mira para arriba para encontrar a otro ser humano al alcance de su mano. En un primer momento, sólo hay un simple escaneo, una mirada impersonal, después de la cual su mente puede divagar. Por otro lado, algún detalle de esa persona

imagine "Take it off" in a deep-throated de-
mand. There's arousal in servitude. In seconds,
hormones release causing a chain of events that
leave her mouth dry.

And while she tries to focus on his words,
he waits, stock still, vigilant, on the edge. It's
all about the hunt and its components: stalk,
chase, kill, metaphorically speaking of course.
He holds the fifty-dollar bill and waits for some
acknowledgment from the woman with breasts.
Even the sandwich maker stops and looks up.
He's waving money in the air, unsure of his
next move. Does he remake the offer, only
louder? Does he pretend the words never left
his mouth? But salvation arrives. A thank you
is heard, he pivots, and for the first time they
are face to face.

Dear reader think to those daily events
when a new person is seen close up. Perhaps
you are in a store checkout occupied with a duty to perform: the alignment of cans, boxes,
bottled, jarred, plastic-wrapped products, until
the activity demands discourse. Paper or plastic? Whereupon you look up to find another
human being within arm's reach. At first,
there's only a simple scan, an impersonal
glance, after which your mind may wander. On
the other hand, some detail of that person

puede causar que sus ojos permanezcan, evalúen, se pregunten.

Ella es bonita, pero simple. No hay largos cabellos rubios que caigan sobre su pecho o labios carnosos de color rojo para consumir sus partes ocultas. ¿Su cabello es de un cierto color indiscriminado que el puede solo adivinar - café ceniza claro? En un estilo que es tenue, despeinado, como si se acabara de levantar. Sí, por supuesto. Tal vez esa es la atracción, un recordatorio de cómo ella puede verse en la intimidad de su oficina, en el sofá de cuero, cada bombeada sólida, fuerte, empiernado y con respiraciones calientes contra su mejilla.

—Señor. ¿Está usted escuchando?

Él despierta. Dos platos con emparedados, frituras y un pepinillo están en el mostrador.

—Su comida está lista.

De repente, las manos, suyas y de ella, se alcanzan. Y por un momento nuestra pareja se encuentra en un ir y venir donde los mensajes destacables y complicados mensajes sinápticos de la mano a la columna y el cerebro, y hacia abajo de nuevo, se repiten en dos entidades separadas con los mismos resultados. Cada uno de ellos toma un plato. Sin premeditación, él dice, —¿Dónde nos sentamos?

La pregunta es bastante curiosa. Ciertamente cortés. Pero hay una suposición hecha, una orden oculta en el trasfondo.

may cause your eyes to linger, to evaluate, to wonder.

She is pretty but plain. No long blond hair to fall over his chest or full red lips to consume his hidden parts. Her hair is of some indiscriminate color he can only guess at—light ash brown? In a style that is wispy, blown about, as if she's just gotten out of bed. Yes, of course. Perhaps that's the attraction, a reminder of how she may look in the privacy of his office, on the leather couch, each pump solid, forceful, with legs wrapped around him and hot breaths against his cheek.

"Sir. Are you listening?"

He snaps back. Two plates with sandwiches, chips and a pickle sit on the counter.

"Your food's ready."

Suddenly, hands, his and hers, reach. And for a moment our couple is in tandem where remarkable, complicated synaptic messages from hand to spine to brain, and back down again, are repeated in two separate bodies with the same results. They each grab a plate. Without forethought, he says, "Where should we sit?"

The question is a curious one. Certainly polite. But there's an assumption made, a command hidden in the subtext.

Aún así, ella podría objetar (¿Cómo se atreve?) o interponer (Lo siento tengo trabajo.) o escabullirse sin una respuesta. Pero la verdad, a ella le gusta el brío, la textura, el tono de complicidad que todavía tienen que compartir.

—Donde usted desee —ella le dice.

Zigzaguean alrededor de las mesas y sillas a un lugar distante donde, él espera, que sus voces no se escuchen. Él ya se encuentra planeando un movimiento, no totalmente formalizado. Él se detiene. Hay un momento de vacilación, incertidumbre. Con un poco de evasión, él se sienta de frente a la habitación mientras ella se desliza del lado opuesto. Sin decir una palabra, ni dar un bocado, él echa un mejor vistazo. La luz del sol se derrama sobre ella, exponiendo cabello fino a lo largo del lado de su cara. Su mirada sigue entonces un cuello delgado donde el cuello de su blusa se despliega. No hay escote. Sin embargo, sus pechos están firmes y elevados.

Él está enmarcado por cristal y la ciudad al fondo. Pero la visión palidece por su mirada descarada. Comprendiendo a los hombres, ella se sienta más derecha. Sí, ellos comen con los ojos, lo absorben todo y, francamente, para su suerte a ella le gusta ser evaluada, contemplada. Su mente está en dos lugares. En uno, ella es agradablemente excitada, y en otro ella es eliminada, pensando que cada hombre tiene una lista única de lo que le gusta, más probablemente impresa en un momento anterior, cuando su cuerpo respondió sin

Still she could object (How dare you?) or interject (Sorry. Got work.) or scurry off without a response. But truthfully, she likes the panache, the smoothness, the tone of complicity they have yet to share. "Wherever you like," she says.

They weave around the tables and chairs to a distant place where, he hopes, their voices won't carry. Already he's planning a move, not totally formalized. He stops. There's a moment's hesitation, uncertainty. With some parrying, he sits facing the room as she slides in across. Without a word, or a bite, he takes a better look. Sunlight pours over her, exposing fine hair along the side of her face. His gaze then follows a slender neck to where the collar of her blouse fans out. There is no cleavage. Still, her breasts are full and high.

He's framed by glass and the city beyond. But the view pales to his shameless stare. Understanding men, she sits straighter. Yes, they feast with their eyes, take it all in, and frankly, as luck would have it, she likes being appraised, gapped at. Her mind is in two places. In one, she is pleasantly aroused; in another she is removed, thinking how each man has a unique checklist of what he likes, most probably imprinted at an earlier time when his body responded without

premeditación a eventos secretos - mirando bajo la falda de una niña en el parque - y sin comprender, pero con gusto, la intriga que generó, el material oscilante cediendo el paso al lugar donde las piernas se engrosan y el pedazo de ropa interior que se asomó alrededor de la parte trasera curvilínea. Los chicos reaccionan pronto, eso es un hecho. Mirones primero, y luego burlones, luego entrando por gusto con atrevimiento - Yo te mostraré el mío si tu me muestras el tuyo - avanzando poco a poco, más cada vez. Los hombres son como niños, nunca maduran, de adolescencia presciente con todas esas hormonas, ya sean naturales o compradas en la tienda.

Sus labios se mueven. —Desabróchate la blusa —le dice a ella.

Ella le da una sonrisa irónica, como diciendo, si como no.

Él no se ríe. —Hazlo —le dice.

Él quiere algo que ella tiene. Un juego de poder se ha presentado. De repente, ella se siente en el borde de una cuchilla. Sus ojos están clavados en ella. Lentamente, ella levanta la mano y con hábiles y juguetones dedos, juega con el primer botón de su blusa. Él asiente con la cabeza. Mueve la cabeza en señal de aprobación. Y con un toque el botón se suelta.

La parte superior de un sostén blanco se aprecia con montículos hinchados a cada lado. A él le gusta lo que ve, pero quiere más. —Continúa.

willfulness to secret events – looking up a young girl's skirt at the playground – and not understanding, but liking, the intrigue it held, the flouncy material giving way to where the legs thickened and the bit of underpants showed around the curved backside. Boys react early, that's a fact. First voyeurs, then taunters, then going in for the gusto with dares – I'll show you mine if you show me yours – inching the envelope farther each time. Men are like boys, never outgrowing, prescient adolescence with all those hormones either natural or store bought.

His lips move. "Unbutton your blouse," he tells her.

She gives him a wry smile as if to say, yeah right.

He is not amused. "Do it," he says.

He wants something she has. A power play has arisen. Suddenly she feels on the edge of a blade. His eyes are riveted. Slowly, she raises her hand and with deft, playful fingers, toys with the top button of her blouse. He nods. He approves. And with a twist the button loosens.

The top of a white bra is showing with swelling mounds to each side. He likes what he sees, but wants more. "Keep going."

Ella gira la cabeza ligeramente.

Él entiende. —No voltees. No hay nadie cerca.

Ella se concentra de nuevo con curiosos, distantes pensamientos - ¿que tan excitado está dispuesto a ponerse en una cafetería en el séptimo piso? Ella alcanza, luego se detiene en el segundo botón. Él contiene la respiración. Entonces ella lo recompensa con todavía un tercer botón.

Con cada pulgada expuesta, su corazón revoluciona. Su abdomen es plano y firme, por lo que sus senos aparecen más grandes de lo que él esperaba. Él desearía estirarse y arrancar lo que queda. Pero no hay necesidad. El sostén tiene broches en la parte delantera. Él entresaca su barbilla, luego le susurra: —Muéstrame tus tetas.

Nosotros, usted y yo, nos reímos de esto. Él se ha extralimitado, hizo demasiadas suposiciones, demasiadas órdenes. Esperamos una pícara sonrisa dibujada en el rostro de ella ó palabras trilladas para disculparse. Pero ella se encuentra tranquila y solemne. De hecho, determinadas partes del cuerpo, como el de el, se han hinchado hasta generar un suave dolor. Quizás esto no debería ser una sorpresa - ya que ellos están respirando el mismo aire.

Ella casi, más no del todo, desafía las consecuencias. Ella está casi, pero no del todo, lista para irse ¿Hasta dónde la llevará la siguiente jugada? Ella se zambulle rápidamente

Her head turns slightly.

He understands. "Don't look. No one's around."

She focuses back with curious, detached thoughts – how hard is he? how hard is he willing to get in a seventh-floor lunchroom? She reaches, then lingers at the second button. His breath catches. She then rewards him with yet a third button.

With each inch exposed, his heart revs. Her midriff is flat and tight, making her breasts appear larger than he had expected. He'd like to reach over and rip off what's left. But there's no need. The bra has clasps in the front. He juts out his chin, then whispers, "Show me your tits."

We, you and I, smile at this. He's overplayed his hand, made one too many assumptions, demands. We watch for a sly smile to crease her face or trite words to excuse herself. But she is quiet, solemn. In fact, certain body parts, like his, have swollen to a dull ache. Perhaps it shouldn't be a surprise – they are breathing the same air.

She's almost, but not quite, beyond consequences. She's almost, but not quite, ready to leave. How far will the next move take her? She dives in quickly

y desabrocha el sujetador. Espontáneamente, la tela se divide, liberando carne restringida al aire frío. Una vez expuestas, sus tetas se tensan, enviando un pulso eléctrico a lo largo de su cuerpo. Un pulso que se transfiere a través de la mesa.

La respuesta de él no es ninguna sorpresa. Él le dice que se abroche la blusa y se vaya con él. Ella asiente con la cabeza. Entonces se ponen de pie, apenas podían caminar, lanzan su almuerzo intacto a través de la solapa de la basura. Una vez fuera de la cafetería, los dos caen en un agujero de conejo en tierra desconocida.

Alejándome por un momento me gustaría hacer un argumento, que ni usted ni yo somos muy diferentes de este hombre o mujer. Hay una historia familiar aquí. Sí. Estoy segura de que ha habido momentos irracionales en nuestras vidas. Eventos espontáneos impulsados por la emoción, el pobre juicio - un niño llorón abofeteado tal vez, o una imprudente manejada después de demasiadas copas. El punto es que lo que nos separa es una telaraña, transparente, permeable. Todos somos humanos. De todos modos, su interés se despierta, al igual que el mío. Somos mirones en este lugar subterráneo.

Con los ojos furtivos buscamos a nuestra pareja. Imagine. Visualice los lugares donde pudieren encontrarse.

and unhooks the bra. Spontaneously, cloth splits apart, freeing constricted flesh to cool air. Once exposed, her tits tighten, sending an electrical pulse throughout her body. A pulse that transfers across the table.

His response is no surprise. He tells her to button up and go with him. She nods. They then stand, and barely able to walk, toss their uneaten lunches into the flap of the trash can. Once out of the cafeteria, the two fall into a rabbit's hole of unchartered land.

Pulling away for moment I'd like to make an argument that neither you nor I are very different from this man or woman. There's a familiar story here. Yes. I know for a fact there have been irrational moments in our lives. Spontaneous events driven by emotion, poor judgment – a slapped, crying child perhaps, or a reckless drive after one too many drinks. Point is what separates us is a gossamer wing, transparent, permeable. We're all human. Anyway, your interest is piqued, as is mine. We are voyeurs in this underground place.

With furtive eyes we search for our couple. Imagine. Zoom to spots where they may be.

El ascensor no muestra ninguna señal de ellos, ni su oficina ni la suya. No están en un baño. Y usted me está culpando por guiarlo por este camino desconcertante.

Pero, un momento.

Más allá de la cafetería, más allá de las ventanas, incluso más allá del edificio. Sí. Afuera hasta donde una vista panorámica a gran altura se visualiza. Imagínese con visión de rayos X, la escalera que zigzaguea desde el piso de abajo hasta arriba. Cierre los ojos por un momento y escuche. ¿Qué escucha? ¿Gemidos que hacen eco? ¿Suspiros? Sin lugar a dudas. Ahora mire. Deje que sus ojos sigan las escaleras a medida que se elevan más alto, donde el ruido se hace más fuerte. De repente... recompensa.

Ella está presionada contra la pared, falda arriba, montando. Él se encuentra profundo dentro de ella, bombeando rápido, embestidas rápidas y cortas. Ellos están jadeando, gimiendo y mucho más allá de cualquier medida de control. Aunque cerca físicamente, ellos se encuentran profundamente dentro de sus propios cuerpos, donde el hambre insaciable de placer y el dolor de cada cerebro reptiliano debe ser alimentada. Observamos sus rostros retorcidos y comprendemos cuán sumidos sus cuerpos están con hormonas en explosión, músculos y nervios. La privacidad

The elevator shows no sign of them, nor his office or hers. They are not in a restroom. And you are blaming me for leading you down this unnerving path.

But wait.

Beyond the cafeteria, beyond the windows, even beyond the building. Yes. Outside to where a panoramic view of the high rise is seen. Imagine with X-ray vision, the stairwell that zigzags from the bottom floor to the top. Close your eyes for a moment and listen. What do you hear? Echoing moans? Gasps for air? Undoubtedly. Now look. Let your eyes follow the stairs as they rise higher, to where the noise gets louder. Suddenly...payoff.

She's pinned against the wall, skirt hiked up, straddling. He's deep inside her, pumping quick, short thrusts. They're panting, moaning and well beyond any measure of control. Though close physically, they are deep within their own bodies, where each reptilian brain's insatiable hunger for pleasure and pain must be fed. We watch their contorted faces and understand how wracked their bodies are with exploding hormones, muscles, and nerves. The privacy

del asunto debe respetarse, pero no lo hacemos. Queremos experimentar más, acercarnos tanto que podamos dar un paso dentro de la unidad giratoria que comparten. Pero justo cuando hacemos el movimiento, sus cuerpos liberan profundas palpitaciones. Y nos quedamos boquiabiertos, ni dentro ni fuera del agujero del conejo, donde el globo se revienta y la película se termina.

Pero hay más...

El desenlace llega rápidamente para el hombre y la mujer. En un segundo sus cuerpos se aflojan. Él se desliza hacia fuera. Ella se pone de pie. Botones abrochados, cabello arreglado. A continuación, uno sube por las escaleras, el otro baja las escaleras.

Sin embargo, las cosas son muy diferentes para usted y para mí. Lo que hemos leído nos ha afectado, nos ha llevado hacia el interior de un momento de similares circunstancias. Dígame, ¿Como fue? ¿Amoroso o rudo? ¿Amable o cruel? ¿Generoso o escaso? ¿Se desvistió, chupó, golpeó, mordió? ¿La creciente excitación fue alimentada y luego arrebatada, una y otra vez? ¿O le gustaría compartir una anécdota que es inusualmente singular - extraña, onírica, tentadora? Es interesante cómo el sexo es un mecanismo simple de ejecución infinita. Es interesante cómo el sexo - el pensamiento, la imagen, el sonido de él - nunca se cansa. En cualquier

of the matter should honored, but we do not. We want to experience more, zoom in so close that we can step inside the gyrating unit they share. But just as we make the move, their bodies release deep shivering throbs. And we are left gawking, neither in nor out of the rabbit's hole where the balloon's popped and the movie's over.

But there's more...

Denouement comes quickly for the man and woman. In a heap their bodies loosen. He slides out. She stands. Buttons are fastened, hair is rearranged. Then one heads up the stairs, the other down.

However, matters are quite different for you and me. What we've read has affected us, drawn us inward to a time of similar circumstance. Tell me, what was it like? Loving or rough? Kind or cruel? Generous or scant? Did you strip, suck, slap, bite? Was the rising excitement fed then taken away, over and over again? Or would you like to share an anecdote that's unusually singular – odd, dreamlike, tentative? Interesting how sex is a simple mechanic of infinite execution. Interesting how sex – the thought, picture, sound of it – never gets tired. In any

caso, antes de que compartamos historias, permítame encender un cigarrillo y pasarlo.

event, before we share stories, let me light one cigarette and pass it over.

Other books by Linda A. Lavid:

Fiction...
Spots Blind: Stories
Rented Rooms: A Collection of Short Fiction
Thirst: A Collection of Short Fiction
Paloma: A Laurent & Dove Mystery

Non-fiction...
101 Ways to Meditate: Discover Your True Self
Publishing Tips: Weekly Strategies for the Independent Writer
Composition: A Fiction Writer's Guide for the 21st Century